神社に行っても神様に守られない人、行かなくても守られる人。

滋賀県近江八幡市賀茂神社
岡田能正

1200年続く神社の神主が教える、神様との正しいご縁のつくり方

双葉社

はじめに

「パワースポットブーム」なる現象が耳目を集めるようになって、ずいぶんと経ちます。

その影響もあるのでしょうか、琵琶湖の東、近江八幡市にある神社、私がお仕えする賀茂神社にも日本全国からお詣りに来ていただけるようになりました。

神社が人々から顧みられなくなった時代があったことを考えると、大変ありがたいことと思います。

でも、そうは思いながらも、首を傾げざるを得ないことがちらほらと見えてくるようにもなりました。

あるとき、熱心にお詣りくださっていた方がこんなふうにおっしゃいました。

「ちゃんと住所・氏名も言いましたから。神様はわかってくださいますよね」

聞けば、お願い事を神様に言う前に「住所、氏名を言わないと、神様はどこの誰かわからず、願い事も叶えてくれない」と言われているのだとか。

私はこう答えました。

「神様は今のような住所ができるずっと前から、この国にいらっしゃるのですよ。神様には、住所なんていう概念はありません。そんなことをわざわざ言わなくても、神様はきちんとあなたのことを見てくださっていますよ」

そうなのです。神様、そして私たちのご先祖様はいついかなるときも私たちを見守り、導いてくださっているのです。

賀茂神社の宮司家に生まれ、幼い頃から神様に仕える道を歩んできた私は、そのことを自分自身についてはもちろん、賀茂神社にお詣りいただく、たくさんの方々の姿や人生を通じて、深く感じてまいりました。

災いを封じ込め、人々を正しい道へと導く

私どもの神社、賀茂神社の由緒について少しお話ししましょう。

時は奈良時代、天平八年（七三六）のことです。数々の天変地異やそれによる飢饉、天然痘など疫病の流行が続き、国内は疲弊していました。

聖武天皇は国をなんとか立て直したい、大御宝《おおみたから》（国民）を守りたいと願い、吉《き》備真備《びのまきび》にそれらの災いを封じ込めるための神社を建てるにふさわしい場所を探すよう命じました。

陰陽道《おんみょうどう》の祖としても語られる吉備真備は、遣唐使として唐へ渡り、さまざまなことを学ぶ中、陰陽道についても体得してきたといわれています。

日本へ帰ってきたのは天平七年。聖武天皇はそんな彼に、存亡の機を迎えている国の未来を託したのでしょう。

そして、吉備真備が選んだのが「天上から光が柱のごとく降り注ぎ、大地の気を発する場所」として、いにしえより人々の信仰を集めていたこの地だったのです。

災いを封じるには、結界を張る、巨石を置くなどの方法もありますが、ここでは社殿を南西に向かって建てました。

南西、すなわち裏鬼門です。災いや魔がやってくる裏鬼門を睨みつけ、その侵入を防ぐ。社殿は今も変わらず、南西に向かって建っています。

その姿は源義経のため、敵前に立ちはだかり、体中に矢を浴びて果てた弁慶のように、私には見えます。

そして、ご鎮座された賀茂大神様は、この国の初代天皇である神武天皇を熊野の山中で助け、道案内をした神様と伝えられています。

災いを封じ込め、人々を正しい道へと導く。

その願いを込めて創建された賀茂神社は一二〇〇年以上も変わらず、お役目を果たしてきました。

賀茂神社に初めてお詣りに来られた方には

「ここは魔除けの神社。国の乱れ、災いを封じるため選ばれた場所で、人々の進むべき道を案内してくれる神様がいらっしゃいます。神様の声は聞こえないかもしれませんが、それを感じたいな、お導きをいただきたいなという気持ちでお詣りしてくださいね」

と、お話しします。

感じる方、感じられない方、お導きをいただける方、いただけない方はそれぞれいらっしゃるようですが。

余命数ヶ月と宣告された女性

あるとき、「がんを患っている友人がいる。その人がよくなるように祈祷してほしい」という女性がいらっしゃいました。

聞けば、ご友人は三十代の若さで、余命数ヶ月を宣告されてしまったとのことでした。

本来なら、ご本人にもいらしてほしいところですが、県外に住んでいるうえ、そういう事情ならば仕方ありません。

ご祈祷を終え、絵馬に願い事を書いているその方に

「お友達に『このお神札《ふだ》をいただいた神社へ行きたい』と毎日強く思うようにと、伝えてくださいね。あなたがご祈祷の際に感じたこと、この場所の空気がどんなものだったかも詳しく伝えてください。そうしたら、きっと元気になって、ご本人がここに来られるようになりますよ」

と、お話ししました。

ご本人がお詣りにいらしてくれたのは、それから一年後のことです。入院中はずっと「元気になって、この神社へ行くんだ」と使命のような思いで祈ってく

れていたそうで、それが叶い、とても嬉しそうでした。

それから何度か、ご主人やお子さんと一緒にお詣りに来られていましたが、あるときを境に、ぱったりと姿を見せなくなりました。

「元気にしていらっしゃるのだろうか？」と思いつつ、さらに二年ほどが経過した頃、ご主人とお子さんだけがお詣りに来られ、残念ながら亡くなられたことを知りました。

でも、ご家族は「余命数ヶ月と言われていたのが、三年生きられた」「まったく歩けなかったのに自分で歩けるようになった」「毎日、料理も作ってくれた」「妻が行きたいところへ家族みんなで行けた」「五年後、十年後の子どもたちへ手紙を書き、ビデオレターを作った」などなど、妻、母としての彼女との思い出を語ってくれました。

「退院してから亡くなるまでの三年間は短いようですけれど、私たちにとっては一生分の時間でした。妻はたくさんの思い出を残してくれました。だから、私たちは喜びの中で今日も生きていられる。ありがたい時間を賀茂神社さんにいただきました」

ご主人のこの言葉に、私は強く心を打たれました。

言葉の端々から神様の思いと、それをきちんと感じ、受け止め、日々を真摯に生きているご家族の姿が見えてきました。

神社に来ても、運気は上がらない

神社に関心が集まり、神社に関する書籍やテレビ番組なども人気のようです。けれど、そこで語られていることには「一番大事なもの」が抜けている。そのように感じられてなりません。

「神社に行けば御利益がある」「神社に行けば運気が上がる」などと思われているようですが、私はそんなことはあり得ないと考えています。

はじめに

神社に来るだけですべての人の運気が上がり、仕事で成功し、宝くじに当たり、素敵な人と結婚できたら、世の中、どうなってしまうのでしょうか。

「苦しいときの神頼み」と言いますが、今、私たちがこの言葉に感じる意味と本来の意味は違います。

私たち日本人は昔から神様を身近に感じ、感謝し、手を合わせてきました。日々の暮らしが常に神様とともにあったため、苦しいときにはより一層、その大いなる力におすがりしたのです。

後に詳しくお話ししますが、「二礼二拍手一礼」というお詣りの作法は明治になって統一された、いわゆる「形式」です。

冒頭の「住所・氏名を神様に伝える」という摩訶不思議なルールも同様、なぜかそうした「形式」ばかりが語られているように思えます。

神社にお詣りに来る人は増えたけれど、神様のことは知らない。

どんな神様が祀られているかも、どんな思いでその神社が守られ、こうして今も存在しているかも知ろうとしない。

私たちの祖先と神様が大切に大切につないできたもの、その心が日に日に忘れ去られようとしているように思えてならず、拙いながらも筆をとることにいたしました。

本書では、私たち日本人が日々の生活の中で、どのように神様を感じ、つながりを築いてきたのかをお伝えしたいと思います。

お読みいただく中で、タイトルの『神社に行っても神様に守られない人、行かなくても守られる人』がどういう人なのか、両者の違いは何なのかをそれぞれに感じ取っていただければ幸いです。

目次

第2章　神社との正しい付き合い方

第3章 神道は「宗教」ではありません。

第1章

暮らしの中での神様とのつながり方

朝日を浴びて、一日が始まる

朝一番には窓を開け放ち、まず朝日を浴びましょう。
私は「太陽は私たちを包んでくれる母」という感覚で
「今日一日を何事もなく、皆様が喜びの中で過ごされますように」
「今日一日、世の中をよくするために働かせてください。
神様の手足として、私の体をお使いください」と、祈ります。
私たち日本人はいにしえより、朝がくることを心から待ち望み、
その到来を喜んでいました。
電気や火さえもない昔、夜は漆黒の闇の世界でした。

闇は神秘的ではありますが、おそろしくもあります。
何も見えない分、感覚が研ぎすまされ、闇の中で魑魅魍魎《ちみもうりょう》が
うごめいていることも感じられたかもしれません。
有名な『天岩戸《あまのいわと》』神話は、天照大御神《あまてらすおおみかみ》が弟神である須佐之男命《すさのおのみこと》の
乱暴狼藉を恐れ、岩戸にお隠れになってしまった話を伝えるものです。
太陽神である天照大御神が出ていらっしゃらない世は闇に閉ざされ、
そこでは「萬《よろづ》の妖《わざわい》が起こった」と記されています。
闇に包まれる夜は何が起きるかわからない。
自分の命も奪われてしまうかもしれない。
その恐怖から、
人は祈るような気持ちで朝日の到来を待ったのだと思います。
闇を祓い、あたたかい光で自分を包んでくれる太陽が
今日も変わらず昇ってきてくれたことに、人は心から安堵し、喜んだ。

その感謝と敬意が「御来光」という言葉に詰まっています。
一年の始まりの朝、凍えるような空気の中で初日の出を待つ。
じわじわと、しかし確実に顔を出していき、
世の中すべてを光で覆い尽くす太陽。
誰もがありがたい気持ちになることでしょう。
思わず手を合わせてしまうこともあるでしょう。
でも御来光はこうした元日や
富士山の山頂でだけ見られるものではありません。
明日の朝、あなたの部屋に差す朝日も等しく御来光です。
夜、人は眠りにつきます。闇に包まれて横になる。
それは仮の「死」でもあります。
一転して、光に包まれる朝。これは再生の象徴です。
学生さんであれば、四月になると新しい学年、新しい教科書など、

強制的にリセットする機会がありますが、
社会に出るとそうはいきません。
年度始めという言葉はあるにせよ、
学生のときのような新鮮な気持ちはなかなかもてなくなるものと思います。
でも実は、神様はこうして毎朝、
私たちに「再生のチャンス」を与えてくれているのです。
全国各地の神社にある「胎内くぐり」をご存知ですか？
中が空洞になっている木の幹を子宮に見立て、
そこをくぐり抜けることでもう一度、新たに生まれ変わる、というものです。
私どもの神社にも、落雷により中は焼けてしまい、
残った外側だけで元気に生き続けている大樫《おおかし》があります。
焼けたのは江戸時代末期の話といいますから、
その生命力には驚くばかりです。

この間をくぐり抜けることで、それまでの人生でついた穢《けが》れが祓われ、
浄化され、まっさらな状態に生まれ変わることができます。
まっさらな状態、
それは「新しいエネルギーに溢れている」ということです。
伊勢神宮が二十年に一度、
社殿を一から建て直すことをご存知の方も多いでしょう。
「式年遷宮《しきねんせんぐう》」と呼ばれる、その壮大なる神事によって、
新しくなった社殿に神様がお遷《うつ》りになります。
なぜ、そうしたことが行なわれ続けているかについては諸説ありますが、
新しい社殿にお遷りいただくことにより、神様のエネルギーも
また新しく満ち溢れるという意味もあるのではないかと思います。
平成二十五年十月に、神様が新しい社殿にお遷りになった後、
伊勢神宮にご参拝された方も多いと思います。

そのとき、神々しいばかりに社殿が輝いては見えませんでしたか？
あの輝きはただ単に「新しい」からだけのものではないと、私は思います。
朝日にもそれと同じ力があります。
明日の朝は起きたら、東の窓を開け、朝の光をたっぷりと浴びてください。
「今日も生きている」「新しい生をいただいた」
その素晴らしい奇跡をかみしめて、
感謝とともに一日を始めてみてください。

神様とつながる言葉

朝は再生のチャンス。
今日も生きている、喜びと感謝を捧げよう。

夜の間に身は穢れる

神道では「死」は穢れとされます。
愛する妻、伊邪那美命《いざなみのみこと》の死後、
伊邪那岐命《いざなきのみこと》は寂しさのあまり黄泉の国まで追いかけていきます。
その後、二人は喧嘩別れをしてしまうのですが、
黄泉の国から戻った伊邪那岐命は穢れを祓うため海に入って禊《みそぎ》をするのです。
「穢れを祓う」というと、神事のように感じられるかもしれませんが、
そんなことはありません。
「浄と不浄の間にしっかりと線を引く」「不浄は持ち込まない」

という感覚を私たち日本人はもっていました。
江戸時代の終わり、日本にやってきた外国人が江戸庶民を見て、
皆こざっぱりと清潔であることに驚いたそうです。
江戸っ子は多い人は日に四度も風呂に入ったという話もあるそうですが、
これは単に「日本人は風呂好き」ということではなく、
その奥に「不浄は好ましくないもの」という
日本人ならではの感覚があるように思います。

夜、眠りにつくことは仮の「死」。
そして、眠っているあなたを包む闇には魑魅魍魎がうごめいている。
就寝前、お風呂に入ったとしても、
夜の間に、あなたの体は穢れてしまっているのです。
朝、顔を洗い、歯を磨くことには夜の間に身にまとわりついた
「穢れを祓う」という意味合いが含まれています。

禊とは「身を削ぐ」という意味からきているともいわれます。
身を削ぐように穢れを祓うのです。
私は毎朝、家の神棚に手を合わせる前に、水をいただき、身を清めます。
とはいえ、冬の寒い時期、風邪など体調のすぐれないときは、
水で清めたタオルで体を拭くなど、適度に自分に優しくもしています。
それでも「いやだな……」と思ってしまう朝もあるのです。
でも、そこでさっと顔を洗うだけで済ましてしまうか、
「いやいや、神主としてそれではいけない」と自分を律するか、
毎朝、自分との小さな戦いが繰り広げられ、
水行というゴールに辿りついています。
自分に勝てた日は清々《すがすが》しく、胸を張って、神様に手を合わせられます。
身に受ける朝日もより神々しく感じられます。
できれば、あなたも朝にシャワーを取り入れてみてください。

水でも大丈夫ならば水で、寒い時期は温水でも構いません。

そうして清められた身に朝日を受け、感謝とともに今日一日の無事を祈る。

ゆっくりと大きく深呼吸をして、朝日のエネルギーを体の隅々にまでいただきましょう。

私は大自然の気をいただく気持ちで数回、深呼吸をします。

伸ばした左右の手の平に気を集め、
それを丹田《たんでん》（おへその下のあたり）へ持って来て、深く息を吐き出す。

そして、また大きく息を吸い込みます。

夜の間、体の中に溜まってしまった古い気を吐き出し、
新たな気を取り入れるイメージです。

丹田は「エネルギーポイント」「チャクラ」などとも言われますが、
日本人にとっても大切なもの。

「魂が宿る場所」とも考えられています。

「腑に落ちる」という言葉がありますね。
何かの物事を「心から納得した」ときに使われる言葉です。
この「腑」は「内臓・はらわた」と辞書には説明されていますが、
もっと深い腹の奥底のような感じがしませんか？
これもまさしく丹田なのだと思います。
神主の所作には安座《あんざ》（両足の裏を合わせる座り方）など、
きつい姿勢がたくさんあって、丹田に力を入れていないと
背中が曲がるなど、美しい姿勢にならないものが多くあります。
私は神主としてこの丹田を意識していますが、
日常で意識することもおすすめです。
常時は厳しいかもしれませんが、
大事なときや気づいたときに丹田に力を込める。
それだけで、姿勢が美しくなるだけでなく、

神様と
つながる言葉

夜の不浄と線引きをして、新しい一日を始める。

精神もしゃっきりと引き締まることを感じていただけると思います。
シャワーを浴びることで外側を清め、
朝日に向かって深呼吸をすることで内側も清める。
夜の不浄としっかり線引きされる、新しい一日の始まりの儀式です。
遅刻ギリギリの時間まで寝ていて、慌てて飛び出していく一日とは
まったく違う一日になることを感じていただけるはずです。

自分のための神棚をつくる

神社などでいただいてきたお神札をあなたはどうしていますか？
神棚をつくってください、とまではいいませんが
できる範囲できちんとお祀りしていただきたいと思います。
お守りは持ち歩くためのものです。
私はお守りをお求めになられた方にはこう言います。
「お守りは神様の魂が込められたもの、神様と一緒なんですよ。
手の平でそっと包むことは、
神様を抱きしめさせていただいていることと同じことなんです」

一方、お神札は神棚に祀り、家族を守ってもらうためのものです。
神棚も今は簡易的なものが数千円から売っていますので、
それを用意してもいいですし、棚の上に白い布や紙を敷いて、
その上に立たせる形で祀ってもいいでしょう。
柱に両面テープなどで直にお神札を貼っている方もいらっしゃいますが、
これはおすすめできません。
お神札もお守り同様、神様の魂が込められたもの。
あなただって背中に直接テープを貼られて、柱に貼り付けられたら
いやでしょう。それと同じことです。
中央には天照大御神、向かって右には地元の神社や氏神様、
向かって左には好きな神社というのが正式とされていますが、
「お祀りし、手を合わせる」ということが大事なので、
その通りにならなくても問題ないと思います。

同様に、祀る方角も正式には「東か南に向ける」とされていますが、建築事情などもあると思いますので、
そうならなくても気にする必要はありません。

ちなみに、私の家の神棚は全国各地のお神札で溢れています。

数えたことはありませんが、おそらく百社近くはあるでしょうか。

朝起きて、水行で体を清めたら、神棚に新しい水をお供えします。

そして、祝詞《のりと》を上げさせていただきます。

皆様には、こんなふうにお唱えくださることをおすすめします。

「祓い給い　清め給え
　神ながら守り給い　幸《さきわ》え給え」

訳すと、「お祓いいただき、清めてください。

神様のお力でお守りくださり、幸せを与えてください」という意味です。

祝詞とは感謝と奉仕の心を神様に伝えるものです。

神様とつながる言葉

神棚は神様が集う場所であり、誓いを立てる場所。

神様の前で朝、声を出して祈りを捧げることを習慣にしてみてください。
この言葉に続けて、
あなた自身の言葉で何か伝えてみるのもいいでしょう。
神棚は神様方が集う場所であり、
あなた自身が誓いを立てる場所でもあります。
また、朝、祝詞で清らかな声を出しておけば、通勤途中であった人、
会社の同僚への挨拶も清々しい、いい声でできることと思います。

身支度を「整える」ということ

身支度をきちんと整える、ということも「祓い」になります。
服装はその日の自分の魂を映すもの、心の状態を映すものです。
「何でもいいや」と、くしゃくしゃのものを着ていると、
生き方も自然と「何でもいい」ものになっていってしまいます。
高価なものを身に着ければいいというわけではなく、
「きちんと手入れされているか」「整えられているか」が重要なのです。
長く着古していても、大切に手入れして着ていることが感じられればいい。
反対に、雑に扱われているものはすぐにわかってしまう。

それはそのまま、あなたの印象に直結します。
洋服だとそれほど支障はないかもしれませんが、
着物は慌ててたたむと変なシワがついてしまいます。
変なシワがついている着物ほど、みっともないものはありません。
一度着たら、一日、影干しをして、汚れがついていたら落とす。
たたむときもシワがつかないよう、丁寧にたたみます。
私も装束を着けるときは、
折り目がまっすぐ下まで通っていることにこだわります。
変なシワができないよう所作にも気遣い、
脱いだ後もきちんとたたんで収納します。
ここまでが一連の作業です。
切実な思いを抱えていらっしゃる方のために祈祷する神主が
シワシワの装束で出てきて、神様の前で奉仕していたら、どうでしょう。

いくら「私は誠実に務めている。外見で判断するな」と言っても、
それは無理というものです。
なぜなら、きちんとした清潔な身なりをすることによって、魂も整うからです。
自然と、姿勢や顔つきにもそれが表れます。
すると、周りにも同じようにきちんとした人が集まってきます。
反対に、いくら外で着飾っていても、家で脱いだら脱ぎっぱなし、
たたみもせず、次にまたそれを着て出ていく、というのはいただけません。
それは、まるで穢れをまとって歩いているようなものだからです。
そういう人の周りに集まってくるのは
「見えないところはどうでもいいや」という人です。
「見えないところ」とはどこでしょう?
本当にそういうところがあるのでしょうか?
ひと昔前の日本人は「お天道さんに顔向けできないことはしない」

という気構えをもっていました。お天道さんは太陽。太陽は神様です。
今のように「監視カメラがあるから悪いことができない」のではなく、
カメラも誰も見ていなくても、太陽、神様が見ていると信じ、
自分を律していたのです。
外見を気にする前に、まずは服と、
その服を着る自分自身が清められているかどうか。
そこを大切にしてはいかがでしょうか。

神様とつながる言葉

きちんとした清潔な身なりをすることによって、
魂も整う。

「いただきます」は「祓い」の言葉

「いただきます」と言うのは、ご存知の通り、
「尊い命をいただきます」という意味が含まれています。
肉や魚、卵、野菜、米粒ひとつひとつにも命が宿っています。
調理する前は皆、生きていて、私たちと同じように
この世の土の上にいたのです。
「いただきます」はその尊い命を私たちの糧とすることへの
感謝の気持ちを表す言葉です。
最近では「ベジタリアン」「ヴィーガン」という食事のポリシーをもつ方々が

「命を奪うのはかわいそう。お肉やお魚、動物性食品は食べません」
とおっしゃいますが、
お米や豆、野菜も同じく「命あるもの」。
すべての食べものが私たちのため、尊い命を捧げてくれているのです。
ナイフやフォークは縦に並べられますが、お箸は横に置きます。
なぜだかわかりますか？
これは、食べものとあなたとの間に線を引くもの。
「命を捧げたもの」（食べもの）と
「生きているもの」（人間）の間の結界を表しているのです。
中国や韓国でもお箸は使いますが、縦に置きます。
お箸＝結界という考え方は日本ならではのものです。
感謝の心の作法として、日本人として、正しいお箸の扱い方を
ぜひ身につけていただきたいものです。

また、私は夏休みなど長期の休みのとき、
地域のお子さんを預かって合宿をさせることがありますが、
お箸をきちんと持てていないばかりか、テーブルにひじをついて、
背中が曲がった姿勢で食べている子が非常に多いのです。
背中が曲がっていると、心臓や内臓を圧迫して消化にも悪い。
医学的によくないこともありますが、
何より「尊い命をいただいている」という思いがないことに心が痛みます。
食事の作法はただ単に「きれいに食べる」ためのものではなく、
すべての命に対する敬意を表したものでもあるのです。
神道には、「神人共食《しんじんきょうしょく》」という言葉があり、
祭りの後など神様にお供えしていたものを氏子たちで大事にいただきます。
お正月に使う「祝い箸」は両端が同じように細くなっていますよね。
これは片方の端は自分が食べるため、

反対の端は神様が召し上がるためのもの。

神様とともに食事をすることは、神道にとっては欠かせないこと、神事なのです。

もちろん、祭りやお正月だけでなく、日常の食事も同じことです。

お寺さんだと精進料理、他の宗教でも食事に制限を設けていることが多いようですが、神道には食事のタブーはありません。

お肉もお酒も大丈夫です。

私は大切な祭りの前は「潔斎《けっさい》」として、お肉やお酒を断ちますが、
普段は自分が食べたいもの、
心身が欲しているものを食べるようにしています。

その代わり、出されたものは米粒ひとつ残しません。

「命を捧げていただいた」と深く感謝することを大切にしています。

残念ながら、私たちの生活は命を奪い続けることと切り離せません。

誰でも、歩いていて蟻を踏んでしまうことはあるでしょう。
蚊を叩いたり、ゴキブリが出たら殺虫剤を使うこともあるかもしれません。
もちろん、殺生は「穢れ」です。
だから「いただきます」と声に出し、
「命を捧げてくださってありがとう」と
感謝することで、穢れを祓い、浄化するのです。
今では食糧の大量廃棄などが問題になっていますが、
昔の人は食べ物を残すことをしませんでした。
「食べ過ぎは罪となり、寿命を削る」という言葉もあります。
縄文時代は一日一食だったといいます。
命を保つための適量、それが本能でわかっていたのでしょう。
反対に、その適量を忘れて贅沢をすれば、簡単にしっぺ返しがやってくる。
食べ過ぎた分だけ、食べられない日がくる。

神様とつながる言葉

たくさんの尊い命をいただき、今日がある。

自分だけでなく、周囲の仲間、子どもたち、二十年先、百年先の子孫にシワ寄せがいくことを魂で理解していたのだと思います。

今のあなたはどうでしょう？

百年先のことを考えて、尊い命に手を合わせていますか？

誰も見送ってくれなくても「行ってきます」と言う

朝ごはんをありがたくいただき、身支度を整えたら、出社です。
玄関を出るとき、あなたは「行ってきます」と毎日、口に出していますか？
家族が「行ってらっしゃい」と言ってくれる場合は言うかもしれませんが、
そういう人がいない場合はどうでしょう。
誰も「行ってらっしゃい」と言ってくれなくても、
見送ってくれる人がいなくても、神様、ご先祖様はあなたのそばにいて、
「行ってらっしゃい」と言ってくれているのです。
なので、一人暮らしの方でも「行ってきます」はぜひ口に出して、

言ってください。
「行ってきます」は
「今日も頑張って、世の中のために働いてきます」
「一日無事で、またこの家に帰ってこられますように」
という意味の言霊《ことだま》でもあります。
「今日一日お守りください」と、あなたを見守る神様との会話であるのです。
だから、同様に、無事に帰ってこられたら、
感謝を込めて「ただいま帰りました」と言いましょう。
一人で住んでいても、神様もご先祖様も、
いつもあなたのそばにいて、あなたを見守ってくださっています。
ご先祖様も神様です。
日本では、死んだ家族は神様になって
自分たちを見守ってくれるものと考えられてきました。

どんなに今、寂しくても、
「味方がいない」という状況にあったとしても、
私たちは誰一人、「一人きり」ということはありません。
あなたの耳には聞こえなくても、
「行ってらっしゃい」「おかえりなさい」「今日も無事でよかったね」と
言ってくれている存在がいるのです。
「声にする」ということに意味があるので、
大きな声でなくても構いません。
それでも、ちゃんと神様は受け取ってくださいます。
いつもそばにいて、声も聞いてくれていると考えると
心強い反面、変なことは言えなくなりませんか？
それでいいのです。
ネガティブな言葉は向けられる誰かのことばかりか、

神様と
つながる言葉

「行ってきます」は、あなたを見守る神様との会話。

あなた自身のことも傷つけ、穢れを引き寄せ、
大切なエネルギーを奪います。
反対に、前向きな、美しい言葉はあなたを浄化し、
いいエネルギーであなたを満たしてくれるのです。

ネガティブな気持ちを浄化する方法

そうやって、清々しい気持ちで出かけても、
道を歩いていて人にぶつかられる。その人は謝りもせず行ってしまう。
電車はぎゅうぎゅうの満員……ということが続くと、
気持ちはたちまちブルーになりますよね。
会社に着いても、苦手な上司がいたり、
仕事がうまくいかなくてモヤモヤすることもあるでしょう。
そんなネガティブな気持ちに支配されたとき、
その状態がまさに「穢れ」「不浄」なのです。

「あ、穢れた」と思ったら、すぐさま自分で祓いましょう。
私の場合は「祈りの庭」である森に入ります。
賀茂神社が創建される前から祈りを捧げられていた古代祭祀場がある森で、
周辺をぐるりと堀で囲まれています。
南側一カ所だけ通れるようになっていて、
それが本殿のある場所へ通じる道となっています。
堀は結界。周囲から隔絶された聖なる地です。
その中に入り、木々を見つめて、深呼吸をする。
それだけで浄化された気持ちになります。
都会にも神社はありますから、ぜひ近所の神社へ深呼吸しに行ってください。
神社には緑があります。
緑とは五行説でいうと青。
青は「清」「晴」「精」のように、澄んだ、浄化された状態を表す字です。

また、「東」「始まり」を意味する字でもあります。

緑のそばで人は、太陽が昇る、あの朝の浄化された空気を感じ、再生の感覚を取り戻すことができるのです。

あなた自身のお気に入りの場所、落ち着く場所を「祓いの場」にするのもいいでしょう。

モヤモヤして、穢れにとらわれそうになったときに駆け込める場所をつくっておくといいですね。

ビルの中でも、空を見上げられたり、地上の木々を眺められたりする場所はあるはずです。

まずは、そこで深呼吸して、心を整えてください。

水で手を洗い、清めるのも有効です。

お手洗いなら鏡がありますね。

その鏡を見て、ぜひ笑顔をつくってみてください。

鏡、「かがみ」から「が（我）」を抜くと「神」になるとも言われます。
「が」とは「闇」も意味します。
「我が出る」「我が強い」など、自分勝手な主張が強いと、
人から敬遠されるばかりか、
神様からも敬遠されることを覚えておいてください。
自分の都合のいいときばかり神社に行き、
自分勝手なお願いばかりしていませんか？
そのときのあなたの顔はまさに「が」が出てしまっているのです。
神社で、参拝する方が手を合わせる先に鏡が置かれているのは、
そうして自分自身を「鑑みる」ためではないかと私は考えています。
自身の顔を見ることによって、己に向き合う。
鏡に映った姿のその奥の魂に向き合うよう
諭されているのではないでしょうか。お手洗いの鏡も同じ。

あなたは今、どんな顔をしていますか？
暗い顔、不機嫌な顔をしていては、穢れが近寄ってきます。
自分のデスクにも小さな鏡を置き、
いつもチェックするのもおすすめです。
女性なら、お化粧直しをすることも浄化につながります。
ここで大切なのは「自分を浄化するんだ」という意識をもつこと。
人間なので、常にポジティブな清い気持ちでいることは不可能です。
でも、こうして小まめに自分で祓うことで、
心を整えられることを覚えておいてください。
「手ぬぐい」という名称はそもそも「穢れを拭う」という言霊からきています。
顔や手を拭って、清める。物理的な汚れだけではなく、
気持ちの穢れをも拭い去れるから「手ぬぐい」なのです。
古来、日本人は手ぬぐいを使うたび、

「これで浄化された」と思ってきました。
自己暗示、自己満足かもしれませんが、それでいいのです。
「穢れを祓う」というと難しく思えてしまうようなら、
「自分が楽になる方法」と思ってみてください。
自分の中で、それをするとモヤモヤが祓われスッキリすることを
見つけてみましょう。
それがあなたなりの「祓い」になります。

神様とつながる言葉

「穢れた」と思ったら、
自分なりの方法で祓うことができる。

穢れは溜め込まないこと

神主の仕事は「掃除に始まり、掃除に終わる」と言われています。

「掃除は神事を始める前の神事であり、掃除をしない者は祭りに出る資格はない」とも、私は思っています。

掃除をするのは、「神様は清らかな場所を好むから」と言われますが、私は私たち人間のためにそう伝えられているのだろうと考えています。

自分のためだと、掃除にもそれほど力が入らないかもしれませんが、神様のためと思うと、心がけが変わります。

そうして心を込めて掃除をした結果、

一番気持ちよく、その日一日清々しく仕事ができるのは、まぎれもなく私たち人間。

周りが清められると、自分の心も清められる思いがします。

私はよく「会社の業績が悪い。どうしたらいいでしょうか？」と社長さんから相談を持ちかけられます。

そんなとき、私は
「会社の掃除をしていますか？　業績のいい会社は社長自ら社員の使うトイレまで率先して掃除をしていますよ」

と言います。

社長が掃除をしていたら、社員も掃除をしないわけにはいきません。

全員がするようになると、社内だけでは「掃除するところがない」となり、会社の周りのゴミ拾いや草むしりなども始めていきます。

そういう会社は地域の人から信用され、愛されます。

そうして業績も上がっていくのです。
頼まれて、会社にお祓いをしに行くのですが、
掃除を始めた会社は営業所もどんどん増えていきます。
「また新しい営業所ができたのですね？」と驚きながら、
お祓いをさせていただけるのは私としてもうれしいことです。
その様子を見ていた他社が「我が社も」と真似をして、
掃除の輪はどんどん広がっていきます。
身の回りをきれいにしておくことは自分自身を清めるだけでなく、
周囲の人も幸せにするのです。
さて、あなたのデスクはきれいに整えられているでしょうか？
仕事中、いい顔でいるためには正しい姿勢でいることも大切。
それには、できるだけスペースを広く保ちましょう。
書類が積み上がり、ペンや消しゴムが散乱しているような中で、

ごそごそ仕事しているのとでは気持ちが変わるばかりか、
周囲からの見られ方も変わります。
デスクの上には余計な物を出しておかない。
ペン１本でも、使ったら、その都度、引出しにしまう、
ペン立てに立てるなど、
きれいな状態を保てるような習慣をつくりましょう。
最初は面倒でも、使命感をもってきれいにするうち、
「ペンが転がっている」という状態に違和感を覚えるようになります。
そうして、身の回りをきれいにしても、
どうにも部内の空気がどんよりとしていることもありますね。
そのときも、とっておきの祓いがあります。
たとえば、小さく手を叩く、指を鳴らす、輪ゴムを弾く、など。
そのときも「これで浄化された」と思ってください。

大相撲で最後の取り組みが終わった後、
弓をもったお相撲さんが土俵に上がってきて、
「弓取り式」という儀式を行いますね。
あれはまさに土俵上にいる魔を祓う行為。
弓は弦を引くことで、空気を振動させます。
それが魔除けになると考えられているのです。
輪ゴムなどはまさにそれと同じ。
自分一人、浄化されたままの状態ではいられないのが社会ですが、
受けた穢れをずっと自分の内に溜め込んでいるのと、
その都度、祓い、リセットするのでは状態はまったく違ってきます。
穢れは「魔」でもあります。
「魔が差す」というのはそうした穢れが積もり積もって、
思いもしない災いを引き起こしてしまうこと。

自分自身、身の回り、そして周囲の空気を浄化する。
そんな自分の顔をデスクの上の鏡で見てみてください。
きっと、すっきりと清々しい表情になっているはずです。

神様とつながる言葉

穢れを溜め込んだままでいると、
「魔が差す」状態を作り出す。

立ち止まり、心を整える

禅の精神に基づく瞑想が今、「マインドフルネス」と呼ばれ、
世界中で親しまれていると聞きます。
「今、この瞬間の自分に意識を集中する」ということだそうで、
タイの寺院でこのマインドフルネスを体験した人によると、
自由に過ごしていて構わないのだが、鐘の音が鳴ると、
何をしていてもそれをやめ、じっと目を閉じて呼吸に集中する。
鐘はいつ鳴るかわからない。
それを繰り返すのだそうです。

これは神道で言うところの「心を整える」ための鍛錬なのだなと思いました。
「穢れたと思ったら祓いなさい」と、ここまで申し上げてきましたが、
自分の心に意識が向いていないと穢れたかどうかなど、気がつかないでしょう。
仕事などで慌ただしく過ごす中、自分の心が穢れたことに気づける、
それだけで素晴らしいことです。
自分の心、「魂」と言い換えてもいいですね。
それが今、どんな状態でいるのか。
エネルギーに溢れているか、穢れて弱ってはいないか。
日常、思い出したときだけでも胸に手を当てて、語りかけてみましょう。
今、あなたが自分のものだと思っている体も命も大切な預かり物です。
折に触れ、気遣ってあげましょう。
自分の魂と対話できるようになると、
不思議と神様の声も受け取りやすくなります。

賀茂神社に熱心にお越しになられる方々の中には
「神様に教えをいただいた」と言われる方もいらっしゃいます。
お詣りしているときに
「そのままでいい」「言葉を大切にしろ」「風を感じろ」などなどの声が
聞こえてきたと……。
私もかつて悩んでいたときに
「そのままでいい！」と聞こえたことがありました。
それが誰の声であったのかはわかりませんが、とてもありがたく感じました。
思うに、自分を大切にする人、自分を常に清らかに保とうと努力する人を
神様も大切にするのです。
「なんだか疲れたなあ」というとき。
体の疲れだけならマッサージやエステ、温泉などで
リフレッシュできるかもしれませんが、

神様と
つながる言葉

心を整えることは、自分の魂を大切にすること。

一筋縄ではいかないのが、魂の疲れです。
多くの人は魂の疲れを体の疲れと混同してしまっています。
そんなときも胸に手を置き、自分の魂に語りかけてみる。
「穢れが溜まってきちゃったね。苦しいね。
今すぐ祓ってあげるからね」
小さな子どもに話しかけるように優しく接してみましょう。
言霊は神様だけでなく、あなた自身の魂にも響くのです。

かばんを床に置かない

喫茶店などに入ると、ビジネスマンがかばんをそのまま床に置いて、熱心に商談をしている光景を目にすることがあります。

同様に、電車内などでこれから訪問される先に持っていくのであろう手土産が入った紙袋を床に置いている光景もよく見かけます。

ひと昔前なら、風呂敷に包んで、大事に胸に抱えたものでした。

風呂敷は「包む」もの。「包む」は「慎む」からきた言葉です。

そこには「慎んで差し上げる」という真心が込められています。

私たちは祖先が大切にしてきた、こうした精神をいったいどれくらい失おうとしているのでしょうか。

冒頭のシーンはその精神のひとつ、

「浄不浄の線引き」ができていない典型的な例。

果たして、床はきれいなのでしょうか?

対して、かばんには仕事のための大切なものが入っている。

かばんそのものも大切なものに違いありません。

幼い頃、学校から帰ってきて、ランドセルを床に投げ出していたら、親に叱られたものです。

家の床は、母が隅々まで拭き掃除をして磨き上げていましたが、
それでも「大切なランドセルを床に置いてはいけない」と言われました。

「面倒くさい」と思われますか?

では、あなたがかばんだったら、どうでしょう?

やはり、床に置かれたら「いやだ」と思うのではないでしょうか。

言ったことは言われること、やったことはやられること。
自分の行ないは必ず自分に返ってきます。
それは人と人との間で起きることではなく、物でも一緒です。
古来、日本人は万物に神様の存在を見出してきました。
山や海や木々、花や石。
そうした自然界のものだけでなく、身の回りのもの、台所用具や仕事用具。
すべてを敬い、大切にしてきたのです。
物の扱いに、人柄が出ます。
物を丁寧に扱えない人は、人に対してもそうでしょう。
たとえば、贈り物をもらったとき。
受け取ったときはうれしそうに丁寧に対応していても、
家に帰ってきたら、平気で床に転がしておく……。
そんな姿が見えてしまうのです。

神様とつながる言葉

物にも神様が宿っている。

繰り返します。
物にも神様が宿っています。
愛する妻である伊邪那美命を亡くした伊邪那岐命は涙を流します。
その涙は「泣澤女神《なきさわめのかみ》」という女神になりました。
流す涙ひとつにも神様を見出した私たち日本人。
そこに流れていた血と同じものが今、あなたにも
間違いなく流れているのです。

家に着いても、すぐ中に入ってはいけない

仕事を終え、帰路につきます。家の玄関の前に立ったとき。
ホッとして、一刻も早くドアを開けて、中に入りたくなりますね。
その気持ちはわかりますが、ひと呼吸置きましょう。
外の世界は穢れに満ちています。
それを家の中に持ち込むことは賢明ではありません。
玄関のドアを開ける前に、さっとコートやかばんを祓うこと。
花粉症の方はすでに実践しているかもしれませんが、
穢れも花粉のように私たちの体にまとわりついてくるのです。

穢れを祓うときは、「さっさっ」と口に出して言うのもいいでしょう。
日本語の音には、実はそれぞれ意味があります。
たとえば「サ」という音には「神様」という意味があります。
「クラ」には「尊いものが宿る場所」という意味があります。
そう、「サクラ」は「神様が宿る尊い場所」という意味なのです。
春の到来を告げる桜、人々はその咲き誇る姿を見て、
「神様が山からやってきた」と考えました。
神様がやってくるのは、田植えを始める時期。
秋になって収穫を終えると、その恵みを神様に感謝し、
ともに祭りを楽しむ。
神様は冬の間、山へと帰っていき、また春になるとやってくる。
そんなふうに、神様とともに生活していたのです。
少々脱線しましたが、「神様」という意味があると思うと

「さっさっ」という言葉が
なんだかとても清らかな響きに聞こえてきませんか？
そうして家の中に入ったら。
大事なことは、一人暮らしであっても、
「ただいま帰りました」と声に出して言うことです。
暗い部屋であったとしても、そこでは必ず神様が
「よく帰ってきました」とあたたかく迎えてくれているのです。
玄関は、外の世界と安全なあなたの聖域との境目の場所。
結界といえます。
そして、あなたの家の顔でもあります。
顔が乱雑であったら嫌でしょう。
できるだけきれいに、靴は靴箱に収納し、余計な物は置かないことです。
風水などでは玄関は「運気を呼び込む場所」とされているようですが、

いいものだけでなく、悪いものも入ってきてしまうのが玄関です。
神社の入り口、鳥居の横を見ると、
祓戸《はらえど》神社という小さな祠《ほこら》があるところが少なくありません。
これは祓戸大神《はらえどのおおかみ》という祓いの神様を祀る神社。
入り口にそうした神様をお祀りし、
穢れが入ってこないよう祓い、清浄な地を守っていただいているのです。

神様とつながる言葉

玄関は、外の世界と安全なあなたの聖域との境目であり、結界。

脱いだ靴はきちんと揃える

帰宅したとき、「あー、疲れた」とばかり、
パパッと靴を脱いだまま、家の中に入ってはいませんか？
靴は常にあなたの足下にあり、あなたを支えてくれているものです。
決して粗末に扱ったり、汚いままにはしておかないでください。
若いとき、日頃から憧れている素晴らしい先輩と食事に行きました。
その先輩は履いている革靴の紐をゆっくりとほどき脱がれると、
玄関の端にきちんと揃えて、店に上がっていかれました。
帰るときも同様で、紐の左右が均等になるよう丁寧に結び、

履かれていました。
美しい光景でした。
こういう人を「本物の日本人」というのだと思いました。
それ以来、同じように実践している私です。
物の扱いもそうですが、
靴は特に、見るだけでその人の人柄がわかると言われます。
上場企業の社長には、相手の靴を見て、
「汚い相手とは取引をしない」という人もいます。
靴も服同様、高級である必要はありません。
きちんと手入れをしているか、大切にしているかどうかが問題なのです。
家に帰って、靴を脱いだら、まずはきちんと揃えましょう。
なぜ、靴を揃えるといいのか？
そこには「立ち止まる」「振り返る」「靴を揃える」という

三挙動が生まれるからです。
靴を脱ぎ、玄関を上がり、いったん立ち止まって振り返る。
そして、靴を揃えるために、頭を下げる。
そこに、神社で自分を鏡に映す行為と同じ、
「自分を鑑みる」という動作が無意識に発生しているのです。
靴を揃えるということは、自分の心を整えることと同じこと。
そして、「今日もきちんと靴を揃えた」という小さいながらも、
ひとつの成功体験をすることで、
靴を揃えられた自分への自信にもつながります。
不良少年を更生させるとき、
一番最初に教育するのが「靴を揃える」ということだそうです。
靴を揃えるのは単に動作ではなく、
人の心を真っ直ぐ育むことにつながるのです。

神様とつながる言葉

靴を揃えることは、自分の心を整えること。

靴を揃えながら、靴の汚れに気づいたら、さっとひと拭きする。
雨で濡れていたら、湿気がとれるよう新聞紙などを入れておく。
「疲れた」と思っていても、そういうことができたあなたを
神様はきちんと見ています。
靴の神様もそっと「ありがとう」と言ってくれているのです。

トイレにも神様はいらっしゃる

トイレはかつて「御不浄《ごふじょう》」「厠《かわや》」とも呼ばれていました。
「御不浄」はもちろん、
不浄な場、不浄なもの（排泄物）を流す場所としての名称。
一方、厠は「川家」と、私は捉えています。
川のような溝を掘り、そこへ排泄物を流していたのです。
大物主神《おおものぬしのかみ》という神様が「丹塗《にぬ》り矢となって溝を流れ下り、
厠にいる姫の陰部を突いた」という神話があります。
この姫は身ごもり、女児を出産します。

トイレには自分の体から出る不浄を流して浄化してくれる神様が
いらっしゃる場所。
また、この神話のように、よそからも神様がいらっしゃる。
そうした神様のために、少しでもきれいに、清潔にして、
神様がお過ごしやすいようにしておく。
「トイレをきれいにするといい」というのは、
そういう考えのもとに言われてきたことだと思います。
私が子どもの頃、学校のトイレは古く汚いものでした。
学校のトイレは
「なるべく行きたくない」と思っていたのを覚えています。
神様もお越しいただけるようなきれいなトイレであれば、
そんな思いを抱くことはありません。
行きたいと思えば行ける。いる間も快適に過ごせる。

そんなトイレは健康にいいだけでなく、
精神もスッキリと浄化してくれる場所といえます。
トイレの神様は不浄を流し、私たちの健康も司る神様なのです。
「健康でいる」ということは、借り物である自分の体、命を慈しむこと。
神様の思いに応えていることでもあるのです。
「素手でトイレ掃除をすると運気が上がる」という話があるそうですが、
素手で掃除をしたからといって、
神様が特別にお喜びになるとは私には思えません。
排泄物ももとは、
私たちの生きる糧となっていただいた尊い自然界の命。
そこへの感謝の気持ちも合わせ、
清潔に保つよう努めればいいのです。
ひと昔前まで、トイレは家の中ではなく、外に作られるものでした。

神様とつながる言葉

「浄不浄の線引き」を大切に、トイレを清潔に保とう。

臭いや構造上の問題もあったと思いますが、
これも、かつての日本人が大事にしていた「浄不浄の線引き」のひとつ。
「素手で掃除」の前に、
日本人としての精神を見直してみてはいかがでしょうか。

お風呂から上がった後は自分の体をじっくりと見る

一日の間で「穢れを祓う」ことがどれだけ大切かということをここまで繰り返しお話ししてきました。

入浴は一日の祓いの集大成ともいえる大事な時間です。

シャワーだけで済ませるという人も多いようですが、お湯をはった浴槽にゆったりと浸かり、疲れとともに一日の穢れも流し去ることをおすすめします。

この国をつくった神様として、大国主神《おおくにぬしのかみ》と少毘古那神《すくなびこなのかみ》という二柱《ふたはしら》がいらっしゃいます。

この二柱はこの国をいい国にするために
たくさんのことを行なわれましたが、
その中のひとつに温泉をつくったことがありました。
体を健康に保つための知恵として、
日本人は遠く神話の時代から温泉に親しんでいたのです。
また、日本人にとって「湯に浸かる」という行為は
この世に出てくる前、お母さんのお腹の中にいた頃に帰ること。
あたたかく、安心できる母のお腹の中で
身も心も委ね、癒やされ、清められる。
胎内くぐりと同様の生まれ直し、
魂の浄化につながっているのではないかと私は考えています。
安産祈願をするとき、
私はいつもお母さんのお腹の中の命に向かい、

「無事、この世に姿を現してください」とお願いします。
お腹の中で、私たちは誕生しています。
命があるのです。
今ではピンとこない人も多いかもしれませんが、
ひと昔前の日本人が「数え年」といって
一年多く歳を数えていたのは
お腹の中にいた時期も年齢に入れていたからです。
日本人はそれほど命に敏感で、命を大切にしていたのです。
産道を通り抜け、産声を上げた瞬間は、人が生まれた瞬間ではなく、
この世に姿を現した瞬間です。
そうしてこの世に出てきてからずっと、
頑張って働いてくれた自分の体を感謝を込めて癒やし、
清潔にしてあげる。

そこには、日本人ならではの大きな意味があります。
命があり、体が自分の思うままに動いてくれることは
当たり前のことではありません。
神様、ご先祖様があって、今のあなたがあり、
今日一日を無事に過ごせたのです。
私は特に女性には
「できたら、お風呂から出たところに全身が映る鏡を置いて、
ご自分の体をじっくり見てあげてください」
というお話をします。
皆さん一様に「えー」「嫌ですよ」という反応をなさいますが、
一日の終わりにありのままの自分の姿を見て、
「今日一日、頑張ってくれてありがとう」
「今日もきれいよ」

「明日もよろしくね」
など、言葉をかけてあげてほしいのです。
繰り返しますが、体はあなた自身のものではなく、
今生を生きるうえでの「借り物」です。
この世に命を授かり、使命を全うする間、
どんなことがあっても離れることのない体。
決して取り替えることのできない体。
心を込めて、丁寧に扱ってください。
少々シワができようが、たるんでこようが、
「いつまでもきれいね」とほめてあげてください。
すると、細胞は日々活性化していきます。
「きれい」と言われたら、
「きれいで居続けよう」と細胞たちは反応してくれるのです。

神様と
つながる言葉

ありのままの自分を肯定することで
本物の「きれい」がつくられる。

今ではエステやアンチエイジング化粧品もありますが、
まずは自分で今の自分を肯定し、愛してあげること。
心と体を清らかに整え、日々を過ごしている人。
そんな人が本物の「きれいな人」のように思えるのです。

感謝で一日を終える

一日を締めくくる言葉はなんでしょう?
「おやすみなさい」でしょうか?
はたまた「あー、疲れた」でしょうか?
私は「ありがとう」をおすすめします。
ふとんに入る前、神棚の前で言ってもいいですし、
ふとんの上に正座をして、または横になってからでも構いません。
神様、ご先祖様、家族それぞれの名前を心の中で唱えて
「今日も一日ありがとうございました」と言いましょう。

これは神道というよりは、私が自分自身との約束で行なっていることです。
妻と喧嘩をした夜であっても、
妻の名前を唱え、「ありがとう」と言います。
「喧嘩したから」と、妻だけ外すことは、
その魂を除外してしまうような気がするのです。
まだ仲直りできていず、ムカムカしているような状態であっても
「ありがとう」と言うと、なんだかありがたい気持ちになってきます。
喧嘩できるのも、妻がいてくれるからこそ。
私の悪いところに気づかせてくれたのかな。
言いたいことが言えるのも、夫婦であればこそだ。
そんな気持ちにもなってきます。
喧嘩したときこそ、「ありがとう」は効き目があるのかもしれません。
喧嘩だけでなく、嫌味を言ってきた上司、約束を破った友達、

無愛想な対応をした近所のコンビニの店員さん。

この期に及んで、心に引っかかっているネガティブな要素すべてに、ここで「ありがとう」と言ってしまいましょう。

感謝の言葉で一日を締めくくることによって、自分自身が浄化されます。

神社では、年に二度、「大祓神事《おおはらいしんじ》」という浄化のための神事が行われています。

ひとつは六月三十日の「夏越《なごし》」、もうひとつは十二月三十一日の「年越《としこし》」です。

どちらも、紙の人形に氏名、生年月日、年齢を書き、そこに息を三度、吐きかけます。

息を吐きかけることで、半年の間に犯してしまった罪や穢れが人形に託され、それを焚き上げたり、川や海に流すことによって祓うのです。

この神事で重要なのは「息を吐き出す」ことです。

一日の終わりにも「いやなこと」「つらかったこと」「悲しかったこと」を吐き出してください。

ネガティブな感情を抱えたままにしないでください。

「ありがとう」は浄化の言葉でもあり、心を軽くしてくれる呪文でもあります。

お風呂に入って体を浄化し、「ありがとう」ということで心を浄化して一日を終えてください。

神様とつながる言葉

ネガティブな感情は「ありがとう」で浄化しよう。

月の神様を感じる

夜は魑魅魍魎が跋扈《ばっこ》する……とネガティブな表現もしてしまいましたが、
夜空には月が輝きます。
太陽が天照大御神という神様であるように、
月は月読命《つきよみのみこと》という神様です。
その存在を感じたことはありますか？
二柱の神様は、伊邪那岐命から産まれた兄弟神ですが、
あることで喧嘩をしてしまい、
「それ以来、顔を合わせることがなくなった」と神話は伝えています。

太陽が沈むと月が昇り、
月が沈むと太陽が昇るのにはそんないきさつがあるのです。
太陽が陽なら、月は陰です。
世の中のすべての物事には陰と陽があり、
そこに優劣はなく、どちらが欠けても成り立ちません。
太陽の光はあまねくエネルギーですが、
まぶしすぎて直視することができません。
対して月の光は、日々形を変えるのがはっきりとわかる。
満月の日は出産が多いなど、
その満ち欠けは人間の生死や心の状態にも深く影響を与えています。
人間の体の部位を表す文字に
「内臓」「五臓六腑」「肘」「膝」「腰」など
「にくづき」という偏が用いられるのも、

古来から「月と人間の心身は関係が深い」
と考えられてきたからだと思います。
「明」という字がありますが、この漢字はもともと「朙」でした。
偏の「囧」は窓のことで、
「窓から差し込む月明かり」を意味しています。
昔の家は壁に窓のない代わりに、天窓がありました。
闇に包まれる夜、
天窓からの月の明かりが人々の心の拠り所。
その一筋の光こそが「明るさ」だったのです。
太陽の光ではなく、闇に包まれた月の光に「明るさ」を見出す、
そんな祖先の感性に私は心惹かれます。
陽に比べると、災いや負のイメージの強い陰ですが、
陰と陽はふたつでひとつ。

神様と
つながる言葉

陰陽はふたつでひとつ。陰の次には必ず陽がくる。

陰は陽になるための準備、前段階でもあるのです。
「夜明け前が一番暗い」という言葉があります。
もし今、あなたがつらい境遇にあるときには、
月の光に優しく包まれてみてください。
月だけでなく、あなたのそばにはたくさんの神様がいます。
後は陽がやってくるタイミングを待つのみと考えてください。

第2章

神社との正しい付き合い方

神社とは、どんな場所？

神社とは何でしょうか？
そういう質問をよくされます。
いろいろな考え方があると思いますが、私はこう答えます。
「それは、私たち日本人が縄文時代から実践してきた暮らしであり、
知恵であり、文化です。
それが今も残るべきところに残ったもの。
そのひとつが神社なのです」
日本人が縄文の昔から伝えてきた暮らし、知恵、文化、

そのいずれも常に神様とつながっています。
宗教という言葉があるため、
現代に生きる私たちは神道を
「宗教のひとつ」と考えてしまいがちです。
しかし、宗教などという概念が生まれるよりも遥かずっと昔から、
日本人は何か大きな聖なる存在を自分たちの身近に繊細に感じとり、
その存在に額《ぬか》ずいてきたのです。
その存在はまず、自然とともにありました。
縄文時代は特に、
自分たちの生殺与奪《せいさつよだつ》のすべてを握っているのが自然でした。
自然とは恵みを与えてくれるものであり、
また命を奪うものでもありました。
日照り、大雨、噴火、地震、津波……、

世界の中でもこれだけ多くの災害に見舞われる国はありません。
人は自然（神様）の猛威を恐れ、
また感謝もし、手を合わせてきたのです。
東日本大震災のとき、津波で家族も家もすべてを失った漁師さんたちが
「それでも恵みを与えてくれるのはこの海なんだ。
海を憎む気にはなれない」
と、また漁に出て行く姿をニュースなどで見た方も多いと思います。
その姿は縄文から変わらない、私たち日本人の姿です。
大きな台風は実りを間近に控えた米や農作物を台無しにし、
水害など人命をも奪う大きな被害をもたらします。
けれども、その翌年は作物に虫がつかない。
逆に、台風がそれほど来なかった年には、
葉っぱがなくなるほど虫が発生するともいわれています。

すべては大いなる自然（神様）の采配。
その神様の思いに応えるように生きることで、
日本人は神様に思いを届けようとしてきました。
伊勢神宮では年間、一五〇〇回を超える数の祭祀が行なわれています。
それは朝、御神水を汲みに行くことから始まり、
神宮にお祀りされている神様方への食事の準備をし、
朝に夕にお供えすること。
お供えする神饌《しんせん》（神様の召し上がるもの）である米、野菜、果物、
塩にいたるまで、すべて自分たちで作るため、
お田植えなどが重要な神事となっています。
神様に奉納する麻や絹を織ることも神事です。
おわかりでしょうか。
かつての日本人の生活そのものが、伊勢神宮の祭祀となっているのです。

そう、私たちの生活は伊勢神宮と同様、
今も神様とともにあるものに違いないのです。
キリスト教では禁断の果実を口にしてしまったアダムとイブに対し、
「神が罰として、イブ（女）には出産の苦しみを、
アダム（男）には労働の苦しみを与えた」とあります。
労働が罰であり、苦しみであるということです。
対して、私たち日本人にとって働くことは神様とともにあること。
そこには喜びがあります。
「日本人は勤勉だ」という海外からの賞賛の裏には
そんなことが影響しているのかもしれません。
現在では、神社というとパワースポットであるとか、
縁結び、開運など、現世利益のためのキーワードばかりに
焦点が当てられているように思えます。

神様とつながる言葉

神社とは日本人の縄文時代からの暮らし、知恵、文化が伝わる場所。

本来は私たち日本人の姿そのもの。
そして、その地に住んでいた祖先が手を合わせ続けてきた聖なる空間です。
御利益をいただこうとする前に、
日本人と自然、その暮らし方そのものにもう一度、
目を向けていただければと思います。

パワースポットとは何か？

遠方から私どもの神社にお出でくださった方に、その理由を尋ねると
「すごいパワースポットと聞いたので」

という答えが返ってくることが増えてきました。

パワースポットとは、何でしょう？

賀茂神社は
「天上から光が柱のごとく降り注ぎ、大地の気を発する場所」

とされてきました。

パワースポットが「大地の力（気）を感じる場所」を指すものであると

考えられているのなら、私も賛同します。
全国津々浦々に鎮座する神社は、何故そこに建てられたのでしょうか？
それぞれの神社は意味あって、その地に建てられたのです。
それ以外の場所であってはならないのです。
私たちの祖先がそこに「何か」を感じ、額づいた場所であり、
その「何か」を「神」というありがたい存在として、
お祀りした場所なのですから。
もとは山の上にあったものを「お詣りしやすいように」と
山のふもとに遷すなど、
後年はだいぶ人間の手が加えられることになりましたが、
それでも最初に人々が額づいた場所は「奥宮」「元宮」として
今現在も神聖な空気をたたえていることが多いのです。
パワースポットは大自然そのものともいえます。

それを営利目的で使用することは
自然や神々に対する冒涜ではないでしょうか。
大自然に畏れを抱き、そこで祈る。
その祈りは日々の感謝であり、地の「気」をいただき、
明日への活力を養うものでした。
神様への感謝を伝える場所がパワースポットであったのです。
そこに行きさえすれば、誰もがパワーをもらえるものではありません。
また、大事な御神木が「パワースポット」として、
知らぬ間にＳＮＳで拡散されてしまったある神社さんでは、
多くの人が御神木に殺到したものの、
肝心の神様に手を合わせていかない人も多く、驚かれたと聞きます。
神社に行って、神様にご挨拶をしない。
御神木にだけベタベタ触って帰ってくる。

そんな振る舞いをして、
パワーをいただけると本当に信じているのでしょうか？
「パワースポットはプワー（貧乏な）スポットだ」と言った人がいます。
パワーがほしい、恋愛運がほしい、金運がほしい……、
そんな「が（我）」だけの想念が集まる場所。
私たちの祖先が大切に守ってきた場所を
どうかそんな場所にしないでいただきたいと思います。

神様とつながる言葉

パワースポットは大自然の気を感じる場所。

「いい神社」の見つけ方

「賀茂神社以外では、どこの神社に行くのがいいですか？」

これもまた、よくお受けする質問です。

にわかに、神社にスポットが当たるようになり、

「恋愛なら、この神社が御利益がある」

「今年はこの神社に行くと開運間違いなし」

といった話を私もよく耳にします。

人が集まるということは、
それぞれの神社さんでそうした実績があるということでしょう。

それは理解できます。
でも、そうした「人が薦める神社」が果たしてあなたにとって、
本当に「いい神社」なのでしょうか？
たとえば「すっごくいいよ」と紹介されて行ったマッサージ師さんが
いたとします。
待合室はお客さんでいっぱいだし、なるほど繁盛しているらしい。
でも、あなた自身がどうだったかというと、
「なんだか、ツボにハマってなかった」「強すぎて揉み返しになってしまった」
などということはありませんか？
ダイエットも友達が「痩せた」というので試してみたものの、
自分では結果が出なかった、ということもあると思います。
当然です。
人はひとりひとり違うのですから。

「自分に何が向いているか」「合っているか」は
自分で判断するしかないのです。
私は、神社もそういうものであると思っています。
「私はどの神社に行けばよいでしょう？」と聞かれたとき、
私は「今まで行った中でどこがよかったですか？」と逆に尋ねます。
そして、
「あなたの今の魂の状態には、そこが合っているんですよ。
でも、魂の状態が変わったら、また違う神社にお招きされるはず。
そのためには、常に自分に素直で、
感覚を研ぎすませて過ごすことが大切ですよ」
と、お話しします。
有名無名を問わず、「なんだか、この神社が気になる」
「この神社の空気は気持ちいい」と感じた神社というのは、

あなたにご縁のある神社です。
あなたのご先祖様とどこかでつながっているのかもしれませんし、
今のあなたの状況を見て、
その神様が声をかけてくださっているのかもしれません。
そうした神社には「人が薦める神社」ばかり行っている限りは
出会えることはないでしょう。
「人が薦めたから行ってみる」ではなく、
自分の魂が行きたがっているから行く。
神社とのご縁のつくり方で、これが一番大切なことです。
「霊能者じゃあるまいし、そんなこと私にはわからない」
などと思わないでください。
ご先祖様、神様はいつもあなたのそばにいて、
あなたの役に立ちたがっています。

「困っているなら、ここに行くといいよ」
「あそこに行けば、きっといい気づきが得られるよ」
と常に囁いてくれているのです。
それに気づくか、気づけないかは、あなた次第です。
気づけた場合、多くは「ひらめき」「第六感」などと言われます。
「なぜだかわからないけど、気になる神社」が見つかったとき、
さっと行動に移せる人。
見つけはするけれどそのままにして、そのうち忘れてしまう人。
ここで大きく道は分かれます。
見つかったら、ぜひお詣りに行ってください。
きっと、「ああ、これを見せたくて（または気づかせたくて）、
この神様が私を呼んでくださったんだ」という体験をするはずです。
「行ったけど、なんだかわからなかった」という人も、そこで諦めず、

神様とつながる言葉

自分の魂が行きたがっている神社に気づくこと。

「ひらめき」に素直に従うことを決してやめないでください。
いつか「ああ、これか」と腑に落ちる瞬間が必ず訪れます。
そのとき、心の中にはきっとあたたかいものが溢れ出してくるでしょう。
それはそれまでのあなたが気づかないままでいた、
ご先祖様、神様からのあたたかい愛情なのです。
あなたに一日も早くその瞬間が訪れますように。

遠くの神様より、近くの産土の神様

私どもの神社はほんの十年くらい前まで、
地元の昔からの氏子さんしか参拝に来ないような神社でした。
それが近年では、全国各地からお詣りにいらしていただけます。
大変ありがたいことですが、
ぜひ今、住んでいらっしゃる土地の神社さんにも
足繁くお詣りしていただきたいのです。
なぜなら、その神社に祀られている神様があなたが住んでいる地域、
そしてあなたを一番身近で見守ってくださっている神様だからです。

そういう神様のことを「氏神様《うじがみ》」、または「産土《うぶすな》の神様」と言います。
昔は一族でひとつの場所に住み、
自分たちの先祖神である神様を氏神様として祀ってきました。
一族とその土地を守っていただけるようお願いするためです。
その大所帯から離れ、違う土地に移ったときもまずは氏神様を祀り、
「この土地で無事に暮らしていけますように」と祈るところから始めました。
天照大御神が今の天皇陛下、御皇室の皇祖神（ご先祖様）であるように、
今から一三〇〇年前に編纂された我が国最古の歴史書である
『古事記』『日本書紀』に登場する神々の多くは
この地上に降り立ち、現代日本にも続く一族の祖となっていきました。
また、亡くなった人も先祖神として、
生きている者を見守ってくれる神様となりました。
昔は当たり前のように、一族それぞれの氏神様がいらしたのです。

あなたにも調べればきっと氏神様はいらっしゃるでしょうが、
残念ながら多くの日本人がその存在を忘れてしまいました。
そこで「産土の神様」が大切になるのです。
字の通り、自分が産まれた地の神様であり、
あなたが今、住んでいる地域の神様です。
今、住んでいるところから一番近い場所にある神社もそうですし、
それぞれの県の神社庁に問い合わせても教えてもらえます。
あなたが今、そこに住めているのは、その神様が許してくださり、
お招きくださったからなのです。
もしかしたら、あなたの過去世やご先祖様のどなたかが、
その神様とご縁があったのかもしれません。
そう考えると、今あなたがそこにいることが、特別に思えてきませんか？
産土の神様に親しみが湧いてきませんか？

だから、まずはそのご縁に感謝することです。
せっかく招いてくださったのに
「挨拶もしていない」なんてことになっていませんか？
住んでいる場所だけでなく、通勤途中にいつも前を通る神社、
なんとなく気になる神社にもぜひご挨拶をしてください。
神社への参拝が旅行など特別なものでなく、日常的なものになったとき。
あなたと神様との距離もまたぐっと近づいているはずです。

神様とつながる言葉

日常的に参拝できる近くの神様を大切にする。

神社にはいつ行けばいい？

近所の神社を大切にしてほしいのは、
月に一度や二度、必ず参拝する日をつくることをおすすめしたいからです。

参拝のタイミングとしては、

「おついたち詣りをする」

「毎月一日と十五日にお詣りする」

「旧暦の毎月一日に行く」

など、人それぞれ。

それでいいと思います。

私は古来からのしきたりに従って、
毎月一日に鎮魂などの儀式を経て、月次祭をしていますが、
それはあくまでも私のルール。
あなたはあなた自身のタイミングで決めて問題はありません。
「月の始まりだから一日にしよう」
「自分の誕生日だから十四日にしよう」など、
いつ行くのが自分らしいか、考えてみてください。
そうした自分との対話があなたの魂を磨いていくことにもつながります。
誰かが「いい」と言っていた神社ではなく、自分の近所の神社へ、
自分で決めた日にちに毎月必ずお詣りをする。
それだけで、これまでのあなたとは違うあなたになれたような
気がしませんか？
もし毎朝、シャワーで禊をすることが難しいのなら、

このお詣りする日だけでも実践してみてください。
清められた心身でお詣りをする、
その喜びをぜひ味わっていただきたいと思います。
お詣りに行ったなら、
「今月もこうしてお詣りに来られました。ありがとうございます。
この一ヶ月も無事に過ごせますように」
と、まずは感謝を伝えてから、お願い事ではなく、
神様に対して「誓いを立てる」というのがいいと思います。
「試験に合格しますように」ではなく、
「人々の役に立ちたい。だからこそ、この試験に合格し、
その資格をとることが必要なのです。絶対に合格します」
というように、その誓いを立てる意義を考えると、
より思いが強くなります。

また、一ヶ月に一度か二度行くといいというのは、
短い期間での誓いが立てられるからです。
「試験に合格します」では、なんとなく漠然としていますが、
「次にお詣りに来るまでに、あの参考書をすべて終えます」などとすれば
具体的で、より確実です。
自分ひとりで目標に向かうよりも、
神様という存在に誓いを立てたほうがエンジンもかかるというものです。
こうして誓いを立てると、自分の心の中に一本の柱が立ちます。
柱というのは、神様の数え方（一柱、二柱……）でもあります。
誓いを立て、心清らかに精一杯生きることにより、
自分も神様に近くなれるという考え方もあるでしょう。
氏神様、神様を先祖にもつ日本人は
自分自身もまた神様であるのですから。

もちろん、「やっぱり難しい……」と逃げたくなるときもあると思います。
どうしても達成できないこともあると思います。
そんなときは、次にお詣りに行ったときに素直に
「達成できませんでした。ごめんなさい。今月こそ頑張ります」
と、新たに誓えばいいのです。
失敗すると、次に乗り越えられたとき、
「自分に勝てた」という気持ちと、
「乗り越えさせていただいた」という
神様への感謝で胸がいっぱいになります。
フルマラソンに挑む人は苦しくなったとき、
ゴールを目指すことはひとまず横に置き、
「あそこの電信柱まで頑張ってみよう」
「次はあそこまで行けたら諦めるかどうか決めよう」などと、

小さな目標に切り替えていくといいます。
そうして頑張っているうちに、ゴールに辿りつけるというわけです。
誓いも一緒です。
月に一度、または二度と小刻みに神様に誓いを申し上げる。
時には失敗し、謝罪もし、また感謝する。
その繰り返しにより、自分の中の柱が太くなっていき、
神様とのご縁も深まっていくのです。

神様とつながる言葉

月に一度の参拝日は「神様に誓いを立てる日」でもある。

お賽銭は四十五円がいい

「お賽銭に四十五円入れると〝始終ご縁〟ができますよ」
ツアー団体客を案内してくるバスガイドさんが
そんなふうに説明しているのをたびたび耳にします。
日本人はこうした語呂合わせが大好きです。
弁財天も正式には「弁才天」です。
「財」としたほうが、お金が儲かりそうでいいだろうと
かなり古くから日本ではこちらの字が使われています。
カエルを祀って「元気に帰る」や

年末の酉の市で売られる縁起物が熊手なのも、
福を「かき込む」「かき集める」といった発想からという説があります。
そういう意味でいえば、お賽銭が四十五円でも一向に構いません。
そもそもお賽銭は、神様にお供えする海の幸や山の幸、
それに米といったものでした。
特に米は天照大御神が私たち「大御宝」を飢えさせぬよう、
豊かに暮らせるようにと
孫である邇邇藝命《ににぎのみこと》に持たせ、この地上に遣わしたものとされています。
その米により深い感謝を込めて、白い紙に包み供えていたものが
金銭が流通するに従い、金銭も多くなっていったのです。
「お賽銭にはいくらくらい入れればいいんですか？」
というのも、よくされる質問のひとつです。
私は出張先など普段行くことのできない神社に

ご縁をいただいたときは、一〇〇〇円をお供えします。
一〇〇〇円は私にとって、安い金額ではありません。
でも、いただけたご縁に対して、
私を日頃守ってくださっているご先祖様の分まで感謝をお伝えしたい。
その思いが一〇〇〇円であり、私自身のルールなのです。
対して、ご参拝にいらした方に質問されたときは
「いくらでも構いませんよ。
あなたの今の状況でできる精一杯を神様へお供えすればいいんです」
と、お答えしています。
反対に、してはいけないのは
「今日はお賽銭がないからお詣りするのはやめる」ということ。
お賽銭がないからといって、神様は怒りません。
けれど、目の前を通っているのに挨拶もないのはどうでしょう。

神様とつながる言葉

お賽銭より、大事なのはご挨拶。

時間がないのなら、ペコリと一礼するだけでもいいのです。
家の近所にある神社、通勤途中にある神社、前を通っていながら、
無視し続けてはいませんか？
神社の前を通るときは一礼。時間のあるときはきちんとお詣りをする。
そういう心がけが神様とのご縁を深くしていくのです。

祈祷のすすめ

そうして、近所の神様へのご縁ができたなら、
年に一度は祈祷、または昇殿参拝することをおすすめします。
昇殿参拝とは「正式参拝」ともいわれ、
拝殿の前でお賽銭を入れての参拝ではなく、
拝殿に上がらせていただき、神様に玉串を奉納する形の参拝になります。
祈祷とは、同じく拝殿に上がらせていただき、
神主に祝詞を上げてもらう形での参拝になります。
祝詞を上げることとは、神様とより深いご縁を結ぶこと。

あなたの思い、感謝の気持ちを伝えるため、
日々修行を積んでいる神主に託すことで、
より一層研ぎ澄まされた音として、神様に深く、強く届くのです。
私は祝詞を上げるとき、祝詞の意味をよくよく感じて、神様に
「何卒、お聞き届けてください」と念じながら唱えます。
自分ではよくわかりませんが、
普段の声と祝詞の声はまったく違うそうです。
声というより、神様につながる音。
倍音を響かせることで、
神様につながる扉を開ける鍵になるのかもしれません。
昇殿参拝も祈祷も社務所に申し出れば、数千円でお願いできるはずです。
神聖な空間に響く祝詞の独特の抑揚、言葉の趣き。
宇宙と、神様と一体になったような、

心の底まで浄化されるような感覚を
ぜひ一度、ご体験いただければと思います。
私どもの神社の祈祷殿は桜、樫、楠、檜など、
数十種類の木材で作られています。
これは縄文時代の森に近づけようとしたためです。
すでにお話しした通り、
縄文時代から日本人は神様に祈りを捧げていました。
そのときは当然、拝殿などというものはなく、野外。空の下です。
「鎮守の杜」という言葉がありますが、
神社の多くは杜（森）の中にありました。
高い木の上に神様が降り立つと信じられていたからです。
「杜」という字の「土」は神様に捧げ物をする台（盛り土）を
象形化したものといわれます。

神様が降り立つ木の下で、
捧げ物をして祈る祖先の姿がこの字に込められているのです。
そうした場で感じられた空気、木々のにおいを再現できないか。
そう考えて、祈祷殿はつくられました。
静かに心を落ち着けて、祝詞に身を任せたとき、
「森の中にいるような気持ちがしました」と
おっしゃっていただくこともあります。
日頃感じたことのない空気や作法に緊張するかもしれませんが、
リラックスして、その場の空気をよく感じていただきたいと思います。
これも初めての体験なら仕方ないことなのかもしれませんが、
お子さんの七五三のご祈祷に
短パンにサンダル姿のお父さんもいらっしゃいます。
祈祷が始まるときになっても、

帽子をかぶったままの方もいらっしゃいます。
尊敬する方、いつもお世話になっている方の家にご挨拶に行くとき、
あなたならどういう服装で行きますか？
身だしなみもきちんとして、
その方が喜んでくれそうな手土産を持ってお伺いしませんか？
それと同じことと思ってください。
神社は神様の家。
その家の中まで上がらせていただくのです。
自分のために祈祷をするとしたら、いつがいいか？
それはあなた自身が決めてください。
月に一度のお詣りを始めて一年が経ったときでもいい。
もちろん、新年のご挨拶でもいいでしょう。
大きな誓いが達成されたときに「御礼詣り」という形で行っても、

神様とつながる言葉

祈祷は神様をより近くに感じられる大切な機会。

神様は喜んでくださいます。
祈祷は七五三や厄払いなどの
特別なときにだけ行なうものではありません。
神様をより近くに感じられるこの機会をぜひ大切になさってください。

⛩ 有効な誓いの立て方とは?

ここまで「誓い」という言葉を用いてきましたが、「そもそも、どんな誓いを立てたらいいかわからない」という方もいらっしゃいます。

「使命」という言葉を使うと、さらに難しくなってしまうでしょうか。

気がつかないだけで、すべての人は使命を持って生まれてきています。言い換えれば、使命がなければ「命」を与えられるわけがないのです。

では、その使命を見つけるにはどうしたらいいのでしょう?

意地悪と思われるかもしれませんが、
私は人がそれぞれ「これが自分の使命だった」と
わかる瞬間は人生で一回だけ。
体と魂が分かれるとき、つまり亡くなるときだと思っています。
そもそも、そういうものであるのだから、
「使命が見つからない」などと思い悩むことはやめましょう。
まずは気を楽にして、目の前のことを一生懸命やってみませんか？
今の自分にできること、目の前のやるべきこと、
その責任を精一杯果たすことです。
その中でも、あなたの魂を磨くための数々のハードルを
神様は必ず用意してくれています。
「今日一日頑張った」「今日はちょっと頑張れなかった」を繰り返し、
人生最後の瞬間に

「ああ、そういうことだったのか」
「だったら、役目は少し果たせたかもしれないな」と思えればいい。
私は自分の人生の使命に関しても、そんなふうに考えています。
でも、「今の自分ができることをする」といっても、
自分のためだけに動くのと、人のためを思って動くのとでは、
エネルギーの湧き方が違ってきます。
私たち人間は「他者に何かを分け与えるとき、無上の幸福を感じる」ことを
本能としてもっているのだそうです。
「お金持ちになります」と誓いを立てて、
自分の儲けばかり考えている、
さらには人を陥れてまでも儲けようとする。
そういう人は一見、うまくいっているように見えて、
実は幸せではないのかもしれません。

そして、そういう人に神様は力を貸さないのです。
神様はこの国がよりよくなるため、
私たちがより幸せに心豊かに生きるために見守ってくれています。
その思し召しに適う人、
自分の思いを背負って他者のために働いてくれる人に
力を貸してくれるのです。
よく、ノリにノっている人、
幸運に恵まれている人を「ツイている」と言いますね。
それはまさに神様がツイている、憑依した状態です。
そのことに感謝し、より神様の思いに応えて、
周囲を幸せにするために力を尽くせば、
神様はさらにその人に力を貸してくれるでしょう。
ところが、人間は弱いもので

「ツイている」ことを「自分の実力」と勘違いしてしまうのです。
さらには、他者ではなく、自分のためだけに
その力を使おうともしてしまいます。
その兆しが見えたとき、神様はその人から離れます。
「ツイている」状態ではなくなるのです。
そして、神様がいなくなったその隙に
まんまと入り込んでくるのは「魔」です。
これまで、たくさん見てきませんでしたか？
時代の寵児ともてはやされ、活躍した人が一転、
見る影もなく転落していく様を。
それはまさに「魔が差した」結果です。
自分のためだけの誓いから、もう少し視野を広げて、
あなたが誰かのためにできることがないかを考えてみましょう。

神様と
つながる言葉

自分のためだけではなく、
誰かのためにできることを考える。

そんな思いで立てられた誓いには、
神様も喜んで力を貸してくれます。
他者のために働けることであなた自身も満たされ、
より幸せを感じられる。
そんな人を私はたくさん見てきました。

成功者の共通点

私どもの神社には、
有名企業の経営者や著名人も多く参拝にいらっしゃいます。
その中でも成功している人、
長く「ツイている」状態が続いている人は決まって、謙虚で素直です。
そして豊かな感性をもっています。
そういう人は自分の下にいる人の声、
企業ならば消費者の声をよく聞くことができるのと同様に、
御本人は無自覚かもしれませんが、

神様の声もきちんと聞くことができているように思います。
「社会」は「社」と「会う」ことです。
「社」とは「神社」です。「会う」とは「集まること」です。
中国の古典によると、社会とは「田舎の祭り」とあります。
田舎の祭りはそこに住むすべての人たちが集まり、役割を分担して行ないます。
それぞれが自分の責任を果たし協力し合う共同体が
「社会」であり、「会社」でもあるのです。
仕事は「事に仕える」とあります。
社会に貢献するために命を与えられ、
その役割を担わせていただけることに感謝する。
「世のため、人のためにいくらでも骨を折りましょう」という心。
それは言い換えれば、「神様のためにいくらでも働きます」ということです。
神様とより深くつながるには一歩進んで、

「自分は神様のために何ができるか？」と考え、行動すること。
多くの成功者の姿から、私はそのことを確信しています。
そうして謙虚に神様の言葉を（無自覚としても）受け止め、
行動していると、魂が磨かれ、感性が豊かになってくるようです。
感性の豊かな人とそうでない人とは、
同じ神社へ行っても感じ方がまったく違います。
「この木には白蛇伝説があります」とお話ししても、
鈍い人の目には「そういう伝説のある、ただの木」にしか映りません。
しかし、感性の豊かな人には、
白蛇の姿は実際には見えなくても、その気配が感じられる。
「ありがたいですね」という言葉も自然と出てくるのです。
結果、同じ神社に行っても、受け取れる神様からのメッセージの量は
天地ほどの差ができてしまうようです。

古代祭祀場がある祈りの庭に、夜、ひとりで入ることがあります。
その中心にある禁足地はこんもりとした丘状になっていることから、
おそらく古墳であると考えられています。
これまで何度も研究機関から発掘調査の依頼がありましたが、
すべて断り、私どもで大切に守っている聖地です。
夜、そこまでの道のりは漆黒の闇に包まれています。
足を踏み入れる前、
私は「入らせていただいてもよろしいでしょうか？」と、
心の中で尋ねます。
許されないときはなぜだか足を踏み入れることができません。
反対に、許されたときは闇の中、
足元にスーッと細い光の筋が引かれていくように感じるのです。
そうして、ゆっくりと歩いていく私の周り、草むらの中では何かがカサカサと動く気配が感じられます。
気配だけで姿は見えませんが、
何やらアニメ映画に出てくる「まっくろくろすけ」のような丸いものが
集団で動いているように感じるのです。
そんな話をすると「それはぜひ行ってみたい」と
夜に訪れる方もいらっしゃいます。
「私もまっくろくろすけを感じました」という人、
「わからなかった」という人、さまざまです。
「神社は夜、参拝してはいけない」という人もいますが、
私は問題がないと思っています。
大事なのは心持ち。
神様に謙虚に許しを乞える人、
ただの興味本位、肝試し気分で足を踏み入れる人で

大きく変わってくるのです。
肝試しでやってくる人にはお望み通り、
そちら側の存在がすり寄ってくることでしょう。
「危ないよ」という神様の声は残念ながら届かないのだと思います。
あなたはどうでしょう？
あなたを見守る神様の声を受け止められているでしょうか？

神様とつながる言葉

「自分は神様にために何ができるか？」を考える。

神様の声を受け取るには

あるとき、三十代の女性がひとりで参拝にいらっしゃいました。
どこか思いつめた様子で長らく佇んでいるのが気になり、
声をかけてみると、
「一生そばにいる」と心に決めていた人との恋が終わったとのことでした。
そのとき、仕事もうまくいっておらず、
「もう生きていくのがつらい」と、ポロポロと涙をこぼされました。
「それはおつらいですね。でも、あなたのそばにいる神様やご先祖様は
あなたにとってマイナスなことはしないのですよ。

別れることになったのは、その男性が神様方のお眼鏡に適わなかったからです。
あなたにはふさわしくない、必要ではないと感じられたからですよ」
私はそう言いました。慰めではありません。心からそう思っているのです。
失恋など、つらい目にあったとき、
人は「なぜ私だけ」とその不幸を恨みます。
けれども、それは「失恋ってこういう苦しみのことなんだ」と
学ばせてもらった、貴重な経験をさせてもらったともいえるのです。
つらい失恋を一度でも経験すれば、
次に好きになる人をより深く大切に思えます。
もっと細やかに愛せます。
「そのための素晴らしい経験をあなたは今、させてもらっているんですよ。
今、死んでしまったら悲しみの中で人生終わってしまうけれど、
踏み留まって、四十歳、五十歳になったら、

きっと『ああ、あのとき死ななくてよかった』
『あの経験があったから、今の幸せを手に入れられた』と必ず思います」
そうお話ししたところ、少し心が落ち着いたようでした。
実際、その後、新しい恋に出会い、結婚もし、
今はとても幸せそうな姿で参拝に来てくださいます。
失恋ばかりでなく、人生で訪れる「試練」と思われるものはほとんど、
神様があなたに「よかれ」と思って与えてくれているものです。
それを恨んで、心を閉ざしてしまうことは、
神様からの声に耳をふさいでしまうのと同じこと。
反対に、つらくて、悲しみのどん底にいるようなときでも
「これで神様は私に何を学ばせようとしてくださっているのだろう」
と思うこと。
そちらの方向へ心を開くことができれば、

神様からの声も自然と入ってくるはずです。
神様だけでなく、いったいどれほどの
ご先祖様があなたを見守っていると思いますか？
どれだけの命のつながりの中にあなたが今、存在しているのでしょうか？
ものすごい数の応援団が今もあなたのそばにいます。
そのエールを受け取る、受け取らないはただひとつ、
あなた自身の心の問題なのです。

神様とつながる言葉

神様の声を受け取れる、受け取れないは
自分の心の持ちようで決まる。

神社にはひとりで行こう

気の合う友人、大切な人たちと一緒にお詣りをする。
それは幸せな時間に違いありません。
ただ、大切な誓いを立てるとき、
またはあなたの魂が「行きたい」と言っている神社に参拝するときは
ぜひ、ひとりで行かれることをおすすめします。
神社で心を整え、真っ直ぐに自分自身と向き合う。
その時間こそ、神様の思いを素直に受け止められる時間です。
あなたの魂と神様だけに集中していただきたいのです。

誰かと一緒だと、手を合わせているときもなかなか集中することはできないでしょう。

「まだ手を合わせていたい」と思っても、隣にいる友達が終わった様子を感じると、「私も終わらせないと……」という気持ちになってしまうのではないでしょうか？

ひとりなら、何も気にせず、心のままに手を合わせていることができます（後から来る方のために、拝殿の正面ではなく、はじのほうで手を合わせることをおすすめします。どこの場所でも神様にとっては同じことです）。

また、境内で気になった場所があれば、感性のまま、そこへ向かうことができます。

とある女性は
「ある神社に行ったとき、拝殿に向かって参道を歩いていると、
横の小道から気持ちのいい風が吹いてきたような気がして、
行ってみると、古代の祭祀場だったんです。
お招きされたような気がして、うれしくなりました」
と、話してくれました。
彼女はいわゆる霊感などがある人ではありません。
でも、自分の感性に素直に従っていると、そうした「お招き」があるのです。
歴史的な話をすると、
神社が今のような社殿をもつようになったのは、仏教が入ってきてからのこと。
その前は、神様が降りてくるような高い木であったり、
大きな岩であったり、聖なる気を私たちの祖先が感じ、
祈りを捧げた場所に、

後から社殿が建てられたものがほとんどです。

私どもの神社もすでにお話しした通り、そうした場所だったところ、選ばれて賀茂神社となりました。

古代祭祀場は、今の社殿に神様がお遷りになる前に、もともと神様がいらっしゃった場所。

社殿に遷られたのは人の意思ですが、古代祭祀場は神様の意思です。

そこにはどんな力が秘められているのでしょうか。

お友達と一緒でも三十分くらいは自由行動にして、それぞれの感性のままに動いてみるのもいいでしょう。

同じ神社でも「私だけの場所」と感じるところは人それぞれ違うことがわかるかもしれません。

「魂が行きたいと言っている神社がなかなかわからない」という方はできれば、『古事記』『日本書紀』を読むことをおすすめします。

私たちの国にどんな神様がいるのかがよくわかりますし、
神様それぞれにとても人間くさい性格があり、
それぞれのストーリーをもっていることもわかると思います。
そうした神様の素顔に触れたとき、
「会いに行きたい」と思う神様が必ずいらっしゃるはずです。
または「私と境遇が似ているかも」という神様と出会えるかもしれません。
『古事記』『日本書紀』が難しいようなら、
インターネットで身近な神社や
行ってみたい土地の神社を調べてみてください。
境内の写真を何気なく眺めるだけでも、心が動く神社が見つかるはずです。
そうやって、自分のことを調べて、わざわざ会いに来てくれたら、
神様だってうれしいはずです。
そうやって来てくれて

「神様のために働かせてください」と手を合わせてくれる人。
一方で神様の名前も知らずに来て、
「彼氏ができますように」など自分勝手な願い事をして帰っていく人。
あなたが神様だったら、どちらに力を貸したくなりますか？

神様と
つながる言葉

神社は、自分の魂と神様とに集中する場所。

第3章

神道は「宗教」ではありません。

神道を支える精神

ここまでお話ししてきたことで、
タイトルにある『神社に行っても神様に守られない人、
行かなくても守られる人』がどんな人か、
なんとなくわかっていただけたことと思います。
正解を言ってしまえば、
神社に行かなくても神様に守られる人になるには
「浄不浄の線引きをすること」「日常的に、心身を清い状態に整えること」
「感謝すること」「素直で謙虚であること」といったところでしょうか。

「それだけ？」と思いますか？
はい、それだけなのです。
そもそも神道は「認める」「許す」、そのうえで
「敬意を払う」精神によって支えられているものなのですから。
戒律の厳しい宗教がある一方で、
神道には戒律そのものがありません。
戒律などに縛られなくても、
縄文の昔から日本人の中には秩序があった、
自分を律することができたと言えるでしょう。
食料も取り過ぎたり、食べ過ぎたりすることなく、
集落の皆が明日も平等に満たされるように考えられていた。
森にいたっては、伐り出した分、
新しい木々が育つように

どんぐりやシイの実を埋めていたことがわかっています。
森林伐採で今もなお、砂漠化を進めている現代人に対し、
新しい木々を育てた縄文人は百年先の子孫のための
知恵を備えていたといえます。
稲作が始まった弥生時代にくらべ、
縄文時代は「劣っていた」という評価は近年、見直されつつありますが、
「劣っていた」などとんでもない。
現代とくらべても遜色のない、
いやそれ以上の知恵をもっていたといえるかもしれません。
狩猟と採集だけでも十分、満たされ、神に恵みを感謝し、
神とともに暮らした時代。
だからこそ、後に続くどの時代よりも長く続いたのではないでしょうか。
そのことを証明するように、

青森県にある縄文遺跡、
三内丸山遺跡は千五百年以上もの足跡を今日に伝えています。
静岡県富士宮市をはじめ、富士山を臨む地域には
富士山を「神の山」として祈りを捧げた縄文時代の祭祀場跡が
あちこちに残されています。
私は海を渡って、稲作という文化が入る前の縄文時代、
その精神こそが本来の日本人の精神だと考えています。
そして、それを今に伝えるのが、神道ではないかと思うのです。

日本だからできた『国譲り』

この国の建国の歴史として知っておいてほしい神話に
「国譲り」があります。
大国主神が築いたこの国を天上から見ていた天照大御神が
「いい国だから、私の孫に治めさせよう」と思いつくのです。
大国主神の息子の中には反対する者もいました。
建御名方神《たけみなかたのかみ》は、このとき抵抗し、戦いながら信濃国、
現在の長野県にまで追い詰められたと神話は伝えています。
そうして御鎮座されたのが諏訪大社です。

最終的に大国主神は戦うことなく国を譲り、
その代わりに建てられた宮に鎮まりました。
その宮というのが出雲大社であることをご存知の方も多いと思います。
戦って、力の強いほうが国を治めるのではなく、
戦わずして国をよりよくする道を選んだ。
この発想は日本人ならではのものでしょう。
ここにも「認める」「許す」「敬意を払う」、
神道の精神、すなわち縄文の精神が見てとれます。
この『国譲り』の舞台となった島根県松江市にある美保神社には、
このときのことが『青柴垣神事《あおふしがき》』という祭礼となって伝えられています。
国を奪われた側である人々がどんな形の祭礼を作り上げたか。
そこで伝えられるのは哀しみでも恨みでもなく、
天照大御神と手を取り合うことでよい国になったという晴れやかな姿です。

こうした精神に支えられた日本人に、
戒律は必要ありませんでした。
神道には、戒律だけでなく、
宗教にとってなくてはならない三要素、
「教祖、経典、戒律」、そのどれもがないのです。
他の宗教がカリスマ的な教祖の存在と経典を用いた布教によって広まり、
厳しい戒律によって、その後の信仰が続いたのに対し、
神道は呼吸をするように自然に、
親から子へと教えられていったのでしょう。
または、日本人の本能として教えられずとも
備わっていた感覚なのかもしれません。
外国人にとって、日本人の信仰心、宗教観は理解しづらく、
また日本人も自分たちの信仰心、宗教観は説明しづらいといいます。

一神教と八百萬の神という違いだけでなく、
こうした精神性もその理解を難しくしているのでしょう。
本能として当たり前のようにあるものを言葉で説明することは難しい。
その結果、多くの日本人が外国人に質問されてから、
「そんなこと、考えたことがなかった」と気づくのだと思います。
「日本とは何だ」「日本人とはどんな民族か」、
グローバル化が進む中で、そのような問いが多く投げかけられる今、
日本人ひとりひとりが改めて、
自分の中に連綿と受け継がれてきた精神を見つめ直す必要がある。
私はそう考えています。

そこに「いらっしゃる神様」

その日本人の本能ともいえる神道が
どうやって現在の形に整えられていったのか、
その歴史をざっとお話ししましょう。
すでにお話しした通り、縄文の時代に山や海、森や木、岩などの
自然に大きな聖なる存在を見出した私たちの祖先は、
明日の糧のため、
自分たちの子や子孫のためにそこで祈りを捧げました。
「額づく」という言葉を本書でも何度か使いましたが、

その言葉の通り、
大地に額をおしつけるようにして祈る姿がイメージできます。
「祀る」という字は祭壇の上の蛇を表しています。
蛇は今も神様の使いとされています。
私どもの神社では白蛇伝説があるだけでなく、
普通の蛇なら冬眠しているはずの正月に蛇が姿を現したりします。
そうした自然や生きもの、すべてを敬い、共存する。
命をいただくときは心からの感謝を捧げる。
天変地異が起こらないよう、心からの恐れを抱き、祈りを捧げる。
そうした姿が今に続く神道のはじまりといえます。
私は時折、祈りの庭の古代祭祀場の前にゴザを敷き、
青空の下、祈りを捧げます。
正座をすると、冷たいはずの地面がなぜだかあたたかく、

地球の中心からのエネルギーが
自分の体に注ぎ込まれているような気持ちになります。
光と風と木々の揺れる音、香り……。
その瞬間、縄文の昔に立ち返った気持ちになります。
ありがたい存在がそこにたしかにいらっしゃることを感じながら、
そのお名前などはもう気にならなくなります。
ただ、そこにいらっしゃる。
それだけで十分「ありがたい」という気持ちが溢れてくるのです。
縄文時代、人々がそうして額づいていた存在が
「神様」として認識されたのは、ずっとずっと後のことです。
『古事記』や『日本書紀』を見ると、
登場する神様にはきちんとした名前がついています。
長い間、人の口から口へと伝わってきたものを初めて文書化したものなので、

その名前がいつ頃つけられたものなのか、
どのようにつけられたものなのかは知る由もありません。
大国主神のように、たくさんの別名をもつ神様もいらっしゃいます。
その別名が本当に大国主神を表すものか、また別の存在を表すものなのか、
それも議論が分かれるところです。
世界遺産にも登録された和歌山県の熊野三山のひとつ、
熊野本宮大社の御祭神が古くは「熊野坐神《くまのにいますかみ》」、
すなわち「熊野にいらっしゃる神」とされていたように、
その土地にいらっしゃる神様として信仰されていたことがわかります。
今に伝わる多くの神様も元はそういう存在であったのだと思います。

仏教伝来による変化

やがて六世紀になると、大陸から仏教が伝えられました。
絢爛豪華な寺院建築や仏像によって浮かび上がる極楽浄土の世界。
その出現に、人々は圧倒されたことでしょう。
それまで神の降り立つ場所に額づいていた祈りの形を、
仏教にならい、社殿を建て、そこに御神体を祀るようになりました。
神像も作られましたが、仏像が手に水かきがついていたり、
頭が螺髪《らはつ》だったりと、人間とは違う尊い存在として偶像化されたのに対し、
神像はそのまま人間の姿で作られました。

男神は百人一首に描かれる貴族たちのように、
烏帽子を被り、笏《しゃく》を手にしています。女神も長い髪の着物姿です。
これは神様が私たち人間にとって親しいもの、
亡くなった先祖が神様であると信じられていた証でしょう。
だからこそ、ありがたい存在であるにもかかわらず、
私たちと同じ姿として表現されたのです。
そして仏教に影響されたからといって、神道の精神は変わりませんでした。
骨抜きになるのではなく、
「神様も仏様も実は一緒の存在なのです」という神仏習合という
日本独特の考え方に発展したのです。
一神教の信徒の方々が聞いたら、とても受け入れられないと思いますが、
日本人には柔軟な宗教観がありました。
これもそもそも、神道が宗教ではなかったという要素が

大きいのではないかと思います。

宗派によって違いはあるものの、お寺の中に神社があり、神社の中にもお寺がある時代が明治まで続きました。

江戸時代、お伊勢参りが庶民の間でブームになったことは広く知られていますね。

でも同様に、富士山を信仰する富士講や四国八十八ヶ所巡り、西国三十三観音巡りと、神道、仏教の区別なく人々は信仰しました。

江戸から伊勢へ出かけ、その足で熊野三山、西国三十三観音をめぐり、最後は長野の善光寺をお詣りして江戸に戻るという行程をたどる庶民も少なくなかったといいます。

一見、敬虔な信仰心がそうさせるように見せて、実は多分に物見遊山的な旅であったということが、弥次さん喜多さんで有名な『東海道中膝栗毛』などにも描かれています。

日本人が神様仏様のどちらも受け入れ、手を合わせていたこと。
徒歩で何日かけてでも、
「行ってみたい」と思わせるものであったことがわかります。
もっとも「徒歩で何日もかけられない」という事情もあり、
たとえば江戸には多くの富士塚が築かれました。
品川神社（品川区）や鳩森八幡神社（渋谷区）、
駒込富士神社（文京区）、鉄砲洲稲荷神社（中央区）……
まだまだたくさんの富士塚が今も東京には残っています。
「本物の富士山には行けないから、近くに作ってしまえ！」
といった江戸っ子の信仰心は果たして厚いのでしょうか、薄いのでしょうか。
護国寺という地名にもなっている有名なお寺の境内にも
富士塚が残っているのは、
神仏習合がいかに日本人の中に浸透していたかを伝えているように思います。

国家神道となる

その日本人ならではの信仰の在り方が否定され、
神道、仏教が厳しく線引きされたのが明治のこと。
国の近代化を掲げ、
西洋諸国に追いつくことを命題としていた明治政府の高官たちは
「神様と仏様の区別がつかないなど、諸外国にバカにされる」と考えたのです。
また、江戸時代までは
「寺請制度」としてまとめていた庶民の戸籍を
国のもとに一本化するなどの事情もあったのでしょう。

もっとも重要だったのは、
日本国の元首として改めて戴いた天皇陛下は
天照大御神の血筋を受け継ぐ御方であるということ。
その正当性を広く知らしめ、強調する目的もあったのでしょう。
明治元年（一八六八）に「神仏分離令」が出され、
神道は「国家神道」として厚遇されることになる一方、
仏教は廃仏毀釈《はいぶつきしゃく》（仏像などが壊される）など、
茨の道を歩むことになりました。
伊勢神宮に天皇陛下がお出ましになったのも、
明治になってからのことです。
今では当たり前のように行なわれている
「二礼二拍手一礼」という参拝方法もこのときに定められたものです。
お話ししたとおり、経典も戒律もない神道では、祈り方も一本化されていませんでした。
それについても、この時代に急ピッチで形式が整えられていったのです。
「二礼」というと、ただ二回頭を下げるというように受け取られがちですが、
本来、二回目の礼は「再拝」。
もう一度、頭を下げることで、より深い敬意を表したものです。
「二拍手」の意味については伊邪那岐命と伊邪那美命を表す、
陰と陽を表す、天と地を表すなど、さまざまな説があります。
明治政府によるこの政策は、
神道にとっていい点も悪い点もありました。
いい点は、自然崇拝から発生した本来の神道の姿を取り戻したこと、
悪い点は、体系化したことにより、
その地方独特の本来の祈りの形が消されてしまったことです。
また「一村一社令」(ひとつの村にひとつの神社)によって、

多くの神社が統廃合されることになりました。
出雲大社や京都の上賀茂神社、下鴨神社など、
政府の方針に屈せず、独自の祈りの形を守り続けているところもありますが、
大多数の神社では本来の形は失われてしまいました。
私どもの神社も明治時代に起きた火事で、
代々伝わってきた古文書が焼けてしまい、
わからなくなってしまったものが多くあります。
今、焼失を免れたわずかな古文書を頼りに
少しずつ本来の形に戻すことを心がけていますが、
統一され消されてしまった大多数の神社の祈りの形は
永遠に取り戻すことができないのです。

祈りのカタチ

「二礼二拍手一礼」には意味がない、とは申しません。
でも、それよりも、神様と向き合うときには
もっと大事にしなければならないものがあるような気がするのです。
たとえば、人の右側に立つのが好き、
左側が好き、誰かに右側に立たれるとどうにも落ち着かないなど、
「自分の感覚」というものが誰しもあると思います。
それがどうして落ち着くのか、理屈で説明できるものではありませんが、
その「自分の感覚」をもっと大事にすべきです。

私たちの祖先も理屈でない感覚で神様をとらえていたと思います。
理屈がないからこそ、
まっさらな気持ちで神様を感じることができたのでしょう。
神話は、宇宙のはじまりの瞬間に誕生した神を
「天御中主之神《あめのみなかぬしのかみ》」と伝えます。
近年の物理学の研究の中で提唱された「ヒッグス粒子」、
その性質はまさに「天御中主之神」ではないかと考える人もいます。
宇宙がどんなものなのかもわからなかった時代に、
私たちの祖先が感覚でつかんでいたものを
今の物理学が証明しようとしているのです。
人智の及ばないものに真っ向から挑戦するのが
現代の科学や物理学なのだとしたら、
ただ「感じる」ことに集中した私たちの祖先。

案外、そこで感じたことのほうが正解のような気もするのです。
「1＋1＝2」では必ずしもないのかもしれません。
「1」と言っていても、正確には1・2かもしれない、0・9かもしれない。

目に見えているものよりも、
ぼんやりとただ感じていることのほうが真実かもしれません。
理屈や常識にとらわれていると見えなくなるものが確実にあります。
見えないからこそ感じられる世界がありがたいのです。

神社は神様に形式を見せに行くところではありません。
魂で向き合うところです。

そのときに、単なる形式や誰かからの指図に気をとられていることは、
神様と自分との間に何枚ものフィルターをかけるようなものです。

せっかくの神様とつながるチャンス、
集中すべきは自分と神様のみです。

初めてのデートに、相手が恋愛マニュアル本などの知識で頭でっかちになり、
すべてその通りにしようとしていたら、どう思いますか？
きっと「自分のセンスでデートもできないなんて、つまらない人」
と思うのではないでしょうか。
マニュアルにとらわれていては、本物のあなたは見えてきません。
そういう行為が愚かということはわかるのに、
どうして神様の前で同じことをするのでしょう。
ありのままの自分、自分の魂と向き合い、
それを神様に見ていただくことが大事なのです。
そこで感性を研ぎ澄ますこと。
基本的な礼、神様に対する敬意があれば、後は神様とあなたの問題です。
あなたの魂のカタチなのです。

神道が祓いを大事にする理由

こうして時代により変化を遂げてきた神道ですが、
変わらないのが「穢れを祓う」という考え方です。
境内を出れば、常に「穢れ」がついてくる。
気持ちの穢れ、物理的な穢れ。
穢れは負の要素として、
私たちの心身にネガティブな影響を与えると考えられてきました。
「穢れ」は「気枯れ」の意味もあります。
朝の御来光を拝んだときの清々しい状態が、

エネルギー（気）満タンの状態＝百だったとしましょう。
それが少し外に出ただけで、あっという間に九十、八十になっていく。
小さなストレスを受けるたび、
どんどん「気」は枯れていってしまうのです。
すでにお話ししましたが、新年から半年経った六月三十日には多くの神社で
「夏越の大祓い」という神事が行なわれています。
茅の輪という茅でできた大きな輪を
「8の字」を描くようにくぐることで半年の間についた穢れを祓い、
「気枯れ」した身に新しい「気」をいただくものです。
半年後の大晦日には「年越大祓」、初詣とそこでも穢れを祓い、
新しい「気」をいただく。
神道の考え方は理にかなっています。
きれいな水に一滴の墨汁を垂らします。

すると、水は濁ります。
一滴、また一滴と垂らすうち、水はやがて真っ黒になってしまうでしょう。
でも、一滴の墨汁が垂れた瞬間に、新しい水を注げばどうでしょう。
墨汁よりも多くの水を注ぎ入れれば、水は濁らず、
きれいな状態を保てるはずです。
その「きれいな状態に戻す」行為が「祓い」です。
心身を澱むと、魔が寄ってきやすくなります。
それを避けるために、常に祓いをし、
淀まないよう循環させるのです。
「祓い」は神社で行なう祭礼のすべてにおいて行なわれます。
祓串《はらえぐし》という紙のついた棒や
塩湯（塩を溶かした湯）を使った祓いの他にも、
たくさんの祓いがあります。

神道の用語に
「浄明正直《じょうみょうせいちょく》」
という言葉があります。
これは「浄く明るく正しく真っ直ぐ」での意であり、
私たちが目指すべき「心の在り方」を示しているように
私には思われます。
その「心の在り方」のために必要なものが
「祓い」なのではないかと思うのです。

日本古来の行事には「祈りと知恵」がある

節句も「祓い」という考えのもと、生まれたものです。
節句というと、何を思い浮かべますか？
三月三日、桃の節句。五月五日、端午の節句、くらいでしょうか？
実は「五節句」といい、年に五日あります。
一月七日は「人日《じんじつ》の節句」といいます。
この言葉に馴染みはなくても、
「七草粥を食べる日」といえば、わかりますね。
現代では「お粥で年末年始の暴飲暴食で疲れた胃腸を休めるため」

という説が一般的ですが、
それ以外にも七草には毒素を抜く作用があり、
体内の浄化を狙ったものでもあります。
三月三日は「上巳《じょうし》の節句」。
今はこの言葉はほとんど使われず、「桃の節句」となっていますね。
伊邪那岐命が黄泉の国から逃げて帰ってくるとき、
その危機を助けたのが桃でした。
その他にもたくさんの意味あいがありますが、
この日は魔除けの効果のある桃の花を飾り、菱餅をいただきます。
五月五日は「端午の節句」です。
菖蒲の花はその花粉で災いを祓うとされ、
笹にくるまれた粽《ちまき》を食べます。
笹および、竹も浄化に効果があるとされています。

七月七日は七夕です。「七夕の節句」といいます。
こちらでもご存知の通り、笹の葉が活躍しています。
九月九日は「重陽《ちょうよう》の節句」。桃に対し、こちらは菊になります。
八日の夜に、菊の花の上に綿をかぶせ、
翌朝、菊の夜霧と香りが染み込んだその綿で顔や体を清めました
(「菊の着綿《きわた》」といいます)。
そして、菊の花びらを浮かべたお酒などをいただきました。
以上が「五節句」です。
古来より奇数は縁起のいい陽数、
偶数は縁起の悪い陰数とされてきました。
節句はその奇数が連なる日をお祝いしたのものとも言われますが、
それぞれ季節の変わり目でもあり、
体調の変化も感じやすい頃にあたります。

そう「気枯れ」の時期です。
そこで心身を浄化し、旬のものを口にすることで
大事な子供や家族の健康を祈ったのでしょう。
旬のものをいただくことで
自然界からの恵みに感謝をし、浄化もできる。
ぜひ、その意味合いを家族で感じながら語り合いながら、
楽しんでいただきたいものです。

このように、日本古来の行事には祈りを中心にした伝統的な背景と、
私たちが健康で無事に過ごすための知恵が詰まっています。
今では、クリスマスやバレンタインデー、
ハロウィンなどと同列に扱われ、
重陽の節句のようにすっかり存在感をなくしてしまったものもあります。
クリスマスやハロウィンも本来、

宗教的な意味あいがあります。
にもかかわらず、すっかりイベント化してしまっているのは
少々気の毒な気もします。
そもそも、ハロウィンが定着したのは
「秋にイベントがなかったから」という理由だそうです。
広告業界などが経済を活性化するために
さまざまな仕掛けをしていったのが近年、
みごとに実を結んだ、ということです。
そういうことで盛り上げたいのなら、
なぜ「重陽の節句」や収穫祭でもある「新嘗祭《にいなめ》」としないのでしょうか。
すべての日本人が本来、大事にすべき
「四大節（新年節、紀元節、天長節、明治節）」も
名称を変えられ、単なる祝日として形骸化されています。

「海の日」があるのだから「山の日」も、と
祝日本来の意味すら見失われてきています。
しかし、節句や祝日には私たちの祖先が長い歴史に
風化されることなく、大切に伝えようと考えた
祈りと知恵が込められているのです。
一年を細かく刻むことによって、
季節の移り変わりを食や草花でしっかりと受け止め、
命あることに感謝し、体を慈しむ。
ご先祖様が残してくれた宝物を途絶えさせることがないよう、
生活の中に取り入れていきたいものです。

記念日は再生の日

五節句以外にも「二十四節気」というものが日本の暦にはあります。
一年を二十四分割にして考えているもので、
「春分」「秋分」「夏至」「冬至」も二十四節気のひとつ。
そうして細かく「節目」を区切ることによって、
春夏秋冬それぞれの季節、移りゆく気候の変化が感じられます。
五節句と同様、体調の変化にも節目ごとに心を払うことができます。
四季の美しさ、情緒に加え、心身を健やかに保つための知恵も感じられる、
まことに素晴らしいものだと思います。

私はこれを再生のきっかけにするのもいいと考えています。
二週間で新たな節目がやってきます。
二週間、自分はどんなふうに過ごしていたか、次の二週間で見直すべき点はどこか。
神社へのお詣りのように、
自分を律するものとして活用することをおすすめします。
二十四節気ばかりが節目ではありません。
誕生日や結婚記念日、人にはそれぞれの節目があります。
特に、誕生日は再生のチャンスです。
新鮮な気持ちで新しい一年をどう生き抜くか、しっかりと考えましょう。
年齢を重ねると、誕生日は重視されなくなります。
でも「もうめでたくない」なんて、とんでもない話です。
年齢を重ねただけ、新たな誕生日を迎えられたことに感謝しなくてはならない。
命を授けてもらったこと、親のこと、ご先祖様のこと。

心を込めて思い返す日にしてほしいものです。

ご祈祷に来られた方には
「ご家族でいらしていない方でも、名前と生年月日を書いていただければ、その方々に災いがいかないようにお祈りいたしますよ」

とおすすめしています。

皆さん、大事な家族の生年月日を書こうとなさるのですが、驚くくらい忘れている方が多い。

子どもが親の、親が我が子の生年月日を覚えていないのです。

お年を召している人かと思えばそうでもない。

家族の誕生日は大切なものです。

その人が生まれてきてくれたからこそ、現在の家族の形がつくれたのです。

そのことにもっと感謝すべきと思います。

誕生日以上にないがしろにされがちなのが、結婚記念日です。

これも決して忘れてはならない。
めでたく結ばれた日の初心を思い出し、
「ここから、また頑張ろうね」という日にしないといけません。
特に男性が仕事にかまけて、奥さんに感謝をしないことが多いようです。
女性を幸せに、きれいにするのは男の仕事です。
侍などが女性に三歩後ろを歩かせたのは、
何かあったときに女性の身を守るためだったといいます。
そんな男意気を今一度、一緒に取り戻しましょう。
会社なら創立記念日や上場記念日など、
見つければたくさんあると思います。
節目を祝うことで、それ以外の日も幸せに過ごせる。
竹は節があるからこそ、しなやかで頑丈です。
私たちも竹のように節目を大切にしなやかに過ごしたいものです。

祭りは神事

近年、同様にイベント化してしまっているのが
神社で執り行なわれる祭りです。
本来なら、古来より定められた日に行なわなければならないところ、
集客を意識し、土日に変えて催行するところが少なくありません。
正式には「例祭」と呼ばれ、「祈年《きねん》祭」「新嘗祭」と並ぶ大事な神事《かみごと》です。
祈年祭は一年の始めに新しい歳神を迎え、
その年がいい年であるように祈るもの。
新嘗祭は毎年十一月二十三日に行なわれ、

その秋に収穫された新米などを神様に備え、
五穀豊穣を祝うもの。
宮中では天皇陛下が神々に感謝を捧げ、新米を初めて口にされます。
この新嘗祭は天皇の代替わりのときに限り「大嘗祭《だいじょうさい》」となります。
これは一世一代の重要な神事。
日本人全員がその意味合いと歴史をしっかりと学び、
見守らなければならないものです。
例祭はそれぞれの神社により季節は異なりますが、
神様に一年の感謝を捧げる日となります。
神輿《みこし》や山車《だし》に神様の御霊を乗せ、氏子町内を巡ります。
神輿をただ担ぐだけのものと思っている方も多いかもしれませんが、
その名のごとく「神様を乗せる輿」なのです。
ここ数年は神輿に人が乗ることを厳しく禁じるようになりましたが、

「危険だから」という理由以前に、
神様が乗っていらっしゃるものに人が土足で乗っていいわけがないのです。
神輿が好きであちこちの祭りに出向いては
担いでるという方もいらっしゃいます。
今はどこの神社も担ぎ手が少なくなってため、
ありがたい存在ではあるのですが、
神輿の本質を理解されていないところも目につきます。
それも本来は各神社で、その神社に祀られている神様のこと、
祭りの意味をきちんとお伝えする義務があるだろうと思うのです。
神輿が出る日の前夜、
社殿の中にいらっしゃる神様の御霊を
神輿にお遷しする神事があるのをご存知でしょうか?
その姿は白布で目隠しされ、見ることはできません。

しかし御霊が社殿から出るとともに、
空気がビリビリと変わることを感じられる方もいらっしゃいます。
本来なら頭を下げ、神様のほうを見ることは許されないものですが、
現在では皆、スマホを片手に写真や動画を撮るのに忙しいようです。
気持ちはわかりますが、
スマホ越しに見ていたのでは、
きっと神様の「気」を感じる余裕もないことでしょう。
いつもは社殿の奥に鎮座されている神様の気を
間近で感じるチャンスに、もったいないことだといつも思います。
祭りはイベントではなく、れっきとした神事です。
そこには神様への感謝と祈りが込められているのです。

日本人は無宗教なのか？

長らくの神仏習合の名残りでもあるのか、
神社とお寺は何が違うのか、わからない日本人も多いようです。
初詣には神社やお寺に出向き、
そのほんの一週間前にはクリスマスを祝い、
そのまた前にはハロウィンで大騒ぎをする。
こんな日本人の姿は外国人には少々奇異に映るようです。
その姿は神道の精神、日本人ならではの特長でもあると
私は思っているのですが、

そうとは知らず、「私は無宗教だから」と、
そのことがさもカッコいいことのように語る人が少なくありません。
無宗教は果たしてカッコいいものなのでしょうか？
神主である私に対しても、
そのようなことを言ってくる方がたまにいらっしゃいます。
「本当に無宗教ですか？
生まれたときのお宮参りや七五三を
お父さん、お母さんにしてもらってはいませんか？
そうやって折々に祈ってもらったおかげで、
こうして立派に大きくなったとは思いませんか？
お父さんやお母さんが亡くなったときはどうするのですか？
葬式も出さず、放り出すのですか？
あなた自身もそうされたいですか？」

そう聞くと、相手は簡単に詰まってしまいます。
もちろん、お宮参りや七五三をする、しないは自由です。
しなくても何事もなく、大人になっている人も多いことでしょう。
でも、どんな人にもご先祖様はいます。
あなたをこの世に送り出してくれた、ご先祖様。
あなたをいつも見守ってくれている存在に感謝を捧げることが
カッコ悪いこととは私には思えません。
世の中で「すごい」と言われ、
尊敬を集めている経営者の多くが信心深いのは、
苦しみの中を生きているからだと思います。
表向きはそんなことおくびにも出さないかもしれませんが
影では
「この決断をどうしよう。ここで間違えたら、社員を露頭に迷わせることになる」

「今月の給料を払えるだろうか」
「無事、社員にお給料を払えた。よかった」などなど、
ひとり命を削り、歯をくいしばって働いているのです。
そうした苦しみの中にあるとき、
人は大いなる何かにすがりたくなるものです。
「人は自分ひとりでは何もできない。神様、ご先祖様、どうぞお守りください」
と、感謝とともに手を合わせるのです。
「無宗教でいい」という人はきっと、
この世の本当の苦しみをまだ知らないのではないのかなと思います。
どうぞ安心してください。
苦しいとき、悲しいときはあなたを見守ってくれる存在に
気づけるチャンスかもしれません。

心だに誠の道にかなひなばいのらずとても神やまもらむ（菅原道真公）
なにごとのおはしますかは知らねどもかたじけなさに涙こぼるる（西行法師）

菅原道真公や西行法師も、そんな歌を残しています。

あなたはこの歌をどんなふうに感じますか？


私は実は、日本人はどこの国の人よりも信心深いと思っています。

神道は日本人の本能です。

すでにお話しした通り、縄文の昔から誰に強制されるでもなく、自然と身につけてきた知恵なのです。

日本の神様は、朝に晩に祈らなければ罰を授けるような神様ではなく、いつも身近にそっといる。まさに空気のような存在です。

息を吸うとき、「今から吸いますよ、はい、次は吐きますよ」

と意識する人はいないように、
神様もきっとそばにいることが当たり前過ぎて、
意識しないものになっているのかもしれません。
日本人が一見、宗教に無関心、無頓着に見えるのは、
実際、どこの国の人よりも神様を身近に感じているから。
私にはそんなふうに思えるのです。
そして、そんなふうに罰するでもなく、怒るでもなく、
常にそばにいて、私たちを見守り導いてくださる
神様、ご先祖様という存在がたまらなくありがたく、
頭を垂れ、手を合わせずにはいられなくなるのです。

おわりに

ここまで、私たち日本人と神様、ご先祖様のご縁についてお話ししてきました。最後までお読みいただきありがとうございます。

神様、ご先祖様というありがたい、あたたかい存在を少しでも身近に感じていただくことができたら、これほどうれしいことはありません。

こんなに心強い応援団を背負っていながら、その存在に気づかない人、気づいていてもどこか考え違いをしている人が多いように思います。

「明日が来るのがつらい」という人が日々、私どもの神社へとやってきます。そのつらさは自分が自分の心に、耳に蓋をしているからに他ならないのですが、その数は減ることがありません。

とはいえ、私もその気持ちがよくわかるひとりでもあります。

三十代の頃、何もかも嫌になったことがあり、気がつけば、福井県の東尋坊の崖の上に立っていました。

ご存知の通り、自殺者が多いことで有名な場所です。

その崖の先端へと歩みを進め、あと一歩踏み出せば、すべてから解放されるというとき、「正面から強い風を受け、後ろに倒されてしまいました。

そのとき「自分は何をしてるんだ?」と、はっと我に返ることができたのです。

あのとき私を後ろに引っ張ってくれたのは神様なのか、ご先祖様なのか、確かめる術はありません。

「お前にはやらなくてはいけないことがまだまだある。それなのに、何をやっているんだ」という声が聞こえたような気がしました。

あのとき背後から風が吹いていたら、私は今、この世にはいないのです。

心を開かせる祈りの庭

そうして、あと一歩のところで大事な声に気がつくこともあれば、すべてを否定して、何も聞こうとしない人もいます。

神社へそういう方がいらしたときは、黙って祈りの庭に連れていき、気が済むまで並んで座ってみることにしています。

祈りの庭は森です。周りを木に囲まれ、澄んだ空気をさらに芳しいものにしています。

「この森、気持ちがいいでしょう。
ここに生えている木たちは皆、二百年、三百年ぐらいは生きていますよ。
虫食い穴も開いていますけどね。
台風で隣の木が倒れてきて、傷ついていますけどね。

でも根を張って、苦しくても数百年黙って、ずっと踏ん張っているんですよ」

静かに、そんな話をしていると、隣に黙って座っている人の頑なだった心がだんだんと開いてくるのがわかります。

森の中で土や空気を感じると、心がすうっと開いていきます。

どんな人だって、同じ土の上に立っていて、同じ空気を吸っているという気持ちになれるのです。

同時に、「不幸なのは自分だけ」「どうして、自分ばかり」という恨みの感情も溶けていく。「人と比較する」ということもなくなっていくのです。

緑のもたらす作用かもしれませんが、私はこうした森の中で神様と一体になって、祈りを捧げていた本来の私たちの姿。縄文の心を取り戻せるからではないかと思うのです。

都会にいても木はあるでしょう。つらいときは、木を見上げ、「この木は何を思っているんだろう」と、木の気持ちになってみてください。

強風や雨、雪にさらされても、風邪もひかずに頑張っている。

夏の激しい暑さを一身に受け、不平も言わず、私たちのために涼しい木陰をつくってくれている。

あなたよりも本当はどれほどつらいでしょう。

今、ここに生きていられるありがたさ

今のこの世に、日本に生きる私たちは本当に幸せです。

もしも人ではなく、植物や動物でこの世に生を受けたら？　この国ではなく、今も戦争をしている国に生まれていたとしたら？　今ではなく、先の大戦の頃やもっと昔に生まれていたとしたら？

皆様はどう思いますか？

今、ここに生きていられることをありがたいとは思いませんか？

少なくとも、私はそう思います。

あなたが今抱えている百の感情の中で「悲しい」「つらい」「苦しい」はどれだけの割合でしょう?

冷静に見てみれば、それほど多くはないのではないですか?

もし、「うれしい」「楽しい」「幸せ」という感情よりも多いと思われるのなら、今から、ひとつずつ減らしていきましょう。

一気に喜びばかりにしようとするから、余計につらいのです。

ひとつひとつ、着実に減らしていけば、いつかは喜びが多数に変わります。その減らし方も本書でお伝えしたつもりです。

儲かること、自分だけが幸せになることを求めるより、社会に貢献すること、人の役に立つことを求めていけば必ず答えは出ます。

運気を上げるために神社へ行くのではなく、神様、ご先祖様を知り、認め、感謝しましょう。

私どもの神社へいらっしゃる経営者の方に私がいつもお話しすることがあります。

「会社を経営するあなたに、あなただけのお役目があるように、あなたの下で働く社員さんひとりひとりに、その人にしかできない役目があるのですよ。あなたは社員さんのことをよーく見て、その人それぞれの役目が果たせるような環境を整えなければなりません。それがあなたの役目でもあるのですよ」

何かを感じ取ってくださった社長さんの会社は徐々に業績が上がっていきます。

よく見ていると、「社員がすぐに辞めるので困る」と話されていた社長さんは「社員が頑張ってくれるようになりました」と報告してくださり、商売繁盛のことばかりご祈願されていた社長さんは「社員たちの健やかな成長」を祈るようになります。

自分のためではなく、身の回りにいる誰かのために動くこと、誰かのために祈ることが、その人をよりよい方向へと導いていることがわかります。

使命、役目は誰にでもあります。そこに大小も優劣もありません。

ある日、子どもがひきこもりになってしまって悩んでいるお母さんがご祈祷にやってきました。

お話しするうちに、そのお母さんは我が子のお役目を「他の子と同じように学校に行くこと」と思っているのが伝わってきました。

私はお母さんにこう言いました。

「お母さん、ご心配なのはわかりますが、何も、学校に行く、仕事に就くばかりがお子さんの使命ではありませんよ。もしかしたら、他に何かあるのかもしれません。それを『よその家の子と同じように学校に行くこと』を使命のように、お子さんに押し付けてはいませんか?」

自分の使命、役目はその人にしかわかりません。己の魂との対話の中で、一生をかけて果たしていくものです。

見つけるのは簡単なことではありませんが、「必ずある」ことだけを本人も周囲も信じ、歩を進めていってほしいのです。

後悔を抱えて生きる

病気などで明日を迎えられるかわからない人たちもいます。

しかし、どのような状況でも、今このときは「生きている」のです。

不幸の中にいても、今日、今このとき、あなたは「生かされている」。

苦しいことばかりかもしれませんが、この世に体を持って生まれて来た、それが神様、ご先祖様からの最高のプレゼントなのです。

そして、あなたが幸せであるように、今この瞬間もメッセージを送ってくれているのです。

とはいえ、人はいつもポジティブで清らかではいられません。ネガティブな感情も、消えない後悔もあることでしょう。

私にもあります。中学二年生のときに亡くなった祖父に最期まで優しい言葉をかけることができなかった。その後悔は四十年以上もトゲのように心臓に刺さったまま、いまだにチクリと痛みます。

けれども、それも人間なのだと思うのです。

後悔の分だけ、祖父のことを忘れずにいられます。

同じ後悔をしないように、人に優しく接することができます。

そのことをつい忘れそうになったとき、トゲがチクリと痛むのです。

もしかしたら、これは祖父がそうしてくれているのかもしれません。祖父もまた今では立派な先祖神なのですから。

一点の曇りもない幸せよりも、痛みを抱えながらのほうが人はより幸せを感じられるもののようにも思えるのです。

生きているのではなく、生かされている

この度、こうして本を出版するというありがたい機会をいただきました。

「いただいた」というよりも、半ば強引に背中を押された感じがしています。

これは「神様、ご先祖様、仏様からの頼み」であると感じ、使命感の中で初めての体験と格闘いたしました。

私を守ってくださっている神様方が、知人であり、タイガーマスクとして全国の養護施設にランドセルを寄付している中谷昌文さんを通じて、このような道筋をつけてくれたのだと思います。

日本文化案内人の秦まゆなさんとは、本書が出来上がるまで、神様について、神話について、神事について、いろいろな言葉を交わしました。

その有意義な時間の中で、このような形にまとめられたこと、紙面をお借りし

て心から御礼を申し上げます。

また、双葉社様にはこの企画をお選びいただき、多くのスタッフの皆様方にお力添えをいただいたことに心から御礼を申し上げます。

そして、出版に際し、家族や神社の仲間、多くの方々からの助言や、サポートをいただきました。

感謝申し上げなければならない方は記せばきりがありません。

私は生きているのではなく、生かされているのだと、改めて感じ入りました。

ここに多くの皆様方に心から御礼を申し上げます。

日本人は世界一心配性

聞くところによると、日本人は「世界一心配性の民族」だそうです。

「セロトニントランスポーター遺伝子」という心配性の遺伝子があり、これが長いと楽観的になり、短いと悲観的になる。日本人は圧倒的に短い人が多いのだそうです。

スペインやイタリアのラテン系は当然のように長い人が多いそうで、ひとつの説としては間違っていないのかもしれません。

日本人が心配性なのは、災害の多い国であることも大きな要因のように思います。

でも、そんな私たち日本人を守るように、神社は全国に八万社を数え、そこには摂社末社があります。近所を見回せば、小さなお稲荷さんや祠もあちこちにあるはずです。

それだけ多くの神社があるということは、それだけ多くのご先祖様がそこに祈りを捧げていたということの証であります。

私たちは今この瞬間も、そうしたご先祖様の祈りに守られているのです。

遠い遠いご先祖様に感謝し、この美しい日本の未来へ、この国の本当の姿、本当の思いを一緒に伝えていこうではありませんか。

本書を通じて、皆様が自らの生き様を明確にし、神様、ご先祖様の思いに応え、清々しい心持ちの中でこの世でのお役目をお果たしいただける助けになれば、誠にもって幸いです。

平成三十年六月吉日

滋賀県近江八幡市　賀茂神社　岡田能正

岡田能正　おかだよしまさ

滋賀県近江八幡市で、一二八二年続く賀茂神社の創建以来の宮司家を継ぐ長男として、昭和四十二年誕生。京都國學院卒業後、北野天満宮に奉職。滋賀県神社庁勤務を経て、生家である賀茂神社の禰宜に。「神様の心、日本人の心を正しく伝える語り部になり、日本を再生させる」ため、全国で講演活動を展開。
http://kamo-jinjya.or.jp

スタッフ

装丁・デザイン　後藤奈穂（draw. design）
編集協力　吉田浩（株式会社天才工場）
　　　　　秦まゆな
編集　更科登（双葉社）

神社《じんじゃ》に行《い》っても神様《かみさま》に守《まも》られない人《ひと》、行《い》かなくても守《まも》られる人《ひと》。

2018年6月10日　第1刷発行

著者　岡田能正《おかだよしまさ》

発行者　稲垣 潔

発行所　株式会社双葉社
〒162-8540
東京都新宿区東五軒町3番28号
☎03-5261-4818（営業）
☎03-5261-4837（編集）
http://www.futabasha.co.jp/
（双葉社の書籍・コミック・ムックが買えます）

印刷所　三晃印刷株式会社

製本所　大和製本株式会社

ISBN978-4-575-31360-4　C0076